文化の時代の
経済学入門

21世紀は文化が経済をリードする

駄田井 正・浦川康弘

新評論

まえがき

　20世紀を超えて早くも10年がすぎた。改めて20世紀がどんな時代であったのかと考えてみる必要が、今の日本においてあるだろう。

　産業革命によって、人類は工業的生産という科学技術を最大限に活用した生産方式を手に入れ、物的生産能力を飛躍的に上昇させた。20世紀は、まさにこの工業化が世界中に広まり、人類社会を善きにつけ悪しきにつけ大きく変革させた世紀であると言える。そして、20世紀の終わりまでは、この方向、すなわち科学技術に裏打ちされた経済発展はまちがいなく人間を幸福にするという「成長神話」が持続した。

　しかし、21世紀に入って、その成長神話が崩れた。経済発展と人間の幸福は必ずしも同じ方向に向かうのではないこと、つまり物的な豊かさだけでは幸福が実現されず、精神の豊かさが不可欠であり、経済成長は人間精神の豊かさを実現するための一つの手段にすぎないということが認識されたわけである。

　さらにまた、石油をはじめとした天然資源が有限なものであり、経済発展に伴う自然環境の悪化などから、経済発展自体が無制限に可能ではないということも認識された。この制約により、現世代が野放図な開発を行えば、次世代の可能性を奪うことも多くの先進国の認識となってきた。

　したがって、21世紀では、従来までは無視されがちであった「経済」と

「文化」の関係を改めて深く考えなければならない時代となった。ここに、本書のテーマを「21世紀——文化の時代の経済学」とした理由がある。

　本書のテーマを「21世紀——文化の時代の経済学」とした以上、「文化とは何か」についてまず語らなければならないわけだが、それは第6章において、文化力との関係で本格的に話題にしている。とはいえ、主に文化そのものでなく「文化力」についてでしかないのが正直なところである。文化そのものでなく文化力について語る利点は、文化を定義するわずらわしさから逃れることでもある。

　文化については様々な人々が様々な方法で定義をしており、それらの定義を集めるだけでも1冊の本ができるほどである。文化を定義する諸々のなかで、最も包括的で簡潔な定義は、「人間の成長と二つのタイプの情報（遺伝子情報・非遺伝子情報）のうち、非遺伝子情報に関するもの[1]」であると思う。この定義は、包括性と簡潔性で説得力をもつが、文化の内容については何も語ってくれていない。経済活動も人間が主に後天的に獲得した非遺伝的情報に依存するものであるから文化的現象であり、この包括的な文化の定義にとどまるかぎり、経済に対峙して文化を強調する根拠を示してくれない。

　20世紀初頭まで、「文化（culture）」は「文明（civilization）」と同義語として使用されてきた[2]。それ以後、文化は情報を普遍化する文明と区別され、民族的な差異などが重視されることとなった。皮肉を込めて言えば、「野蛮人が文化的な存在になり、洗練された上品な人は文化的存在にならなくなった[3]」とされる。この観点からすれば、経済活動は文明的事項に属することになる。

　ここでは、普遍化という方向を志向する文明に対して、文化は地域や民族、共同体などの領域に固有な特性であって、普遍化には限界があるものとしている。したがって、文化とは普遍的な価値観に従わないものであり、

一種の聖域を保持し、世界を多様化するものである。これに対して経済事項は、交換価値（貨幣価値）という物神的尺度をもとに価値観を普遍化し、世界を画一化する傾向をもっている。

　経済学あるいは社会経済学に関するテキストは、現代の問題を取り扱いつつ、未来に向かって書くべきである。もちろん、温故知新であり、未来を知るためには過去に遡る必要がある。

　通常の入門的な経済学の教科書の多くは、現実の問題を経済学の理論の例題として取り扱っている。それに対して本書では、現実の問題を第一義的に取り扱い、それが従来の理論でどう説明できるか、そして仮に説明できないとするなら、どのような新しい理論が必要であるかという方向で話を進めていきたい。

　時代の問題、すなわち現代の課題は、現代の日本、そして特に筆者の住む九州の問題を中心にすえて考えていくべきであると考える。何故このような視点をもつかというと、現に筆者が九州に住んでいるからという以外に次のような理由がある。

　日本は、非西欧諸国のなかで近代化を遂げてきた。それが「成功であった」と言えるかどうかは別にして、少なくとも近代化に乗り得たことは確かである。そして現在、西欧の先進諸国とも十分肩を並べている。もっと言えば、それら先進諸国よりも前に進んだ面さえもち合わせていると言える。しかも、それらの国々とは人種も文化も異なっている。したがって、日本を対象として論じても、西欧の特殊な領域として見られることはなく、普遍性をもち、世界がこれから進む方向と大きくずれることはない。つまり、モデルなき時代であっても一応のモデルとなり得る、ということである。

---

(1) 鈴木良治・曽我部正博（1984）「遺伝子と文化の相互進化」3ページ、石井威望・小林登・清水博・村上陽一郎編『現代文化のポテンシャル』中山書店所収。

(2) Eagaleton, Terry（2000）, *The Idea of Culture*, Blackwell.（大塚洋一郎訳『文化とは何か』松柏社、2006年、23ページ。

(3) 前掲邦訳書32ページ。

本書はあくまで、入門的な教科書として書いたものである。それゆえ、参考文献は必要最低限に留めることにした。ただ、より理解していただくために、人物紹介などの「注」を各ページに記した。「経済とは何か」を学ぶにおいて一助となれば幸いであるし、本書を読むことによって、21世紀の経済社会を考える出発点としていただければ望外の喜びである。

　2011年1月

　　　　　　　　　　　　　　　　著者を代表して　　駄田井　正

もくじ

まえがき 1

プロローグ 13

1 経済学とは 14
オイコノミア 14 ／現代社会の生活空間 14 ／経済学の特性 15
政策科学としての経済学——政策目的 15
工場法成立——1911（明治44）年の経緯 16
富国強兵から福祉国家へ 17 ／マクロ経済政策の目標 18
社会の持続性の危機 20 ／「持続可能な社会」とは 22

2 経済発展とポスト工業社会 23
日本経済の現状と課題 23 ／ポスト工業化社会 24

3 ポスト工業社会の表現 25
ベルの表現（『脱工業社会の到来』1973年） 25
トフラーの表現（『第三の波』1980年） 27
ガルブレイスの表現（『新しい産業国家』1967年） 28
ポランニーの表現（『大転換』1944年） 30
ドラッカーの表現（『脱資本主義社会』1993年） 31

第1章 工業化社会の特色 35

1 産業革命 36
蒸気機関の発明 36 ／通信機能の発達——情報の収集能力 37
生活基盤インフラストラクチャー（社会資本）の整備 37

2 工業化の六つの原則（トフラー『第三の波』） 38
①規格化の原則 38 ／②専門化の原則 38 ／③同時化の原則 39
④集中化の原則 40 ／⑤極大化の原則 40 ／⑥中央化の原則 41

3 市場経済、貨幣経済の発達　42
貨幣経済　42／都市の発達　42

4 経済の成長と循環　43
投資の二重性　43／成長と循環　44／豊富の中の貧困　45
イノベーション（創造的破壊）は経済発展の原動力　46

5 工業社会の文化　47

第2章　第3次産業の成長とエレクトロニクス革命　51

1 工業社会における第3次産業の成長　52
2 生産性格差インフレーション　54
経済成長とインフレーション　54
高度成長期（1960年代）の生産性格差インフレーション　55

3 エレクトロニクス革命とサービス産業の生産性　58
エレクトロニクス革命の進展　58／輸送部門の革新　59
通信部門の革新　60／金融部門の革新　60／流通部門の革新　61
サービス生産性の今後　62

第3章　ポスト工業社会の特色と産業構造　67

1 ポスト工業社会の特色　68
ボーダーレス化とグローバル化　69

2 サービス・ソフト産業の増大と第3次産業の細分類　70
3 第5次産業　72
4 第6次産業　73
一村一品運動と第6次産業——1.5次産業から第6次産業へ　73

第1次産業＋第5次産業の第6次産業——グリーンツーリズム　75
農山漁村と都市との交流　75

5　地域の自立と産業構造　77
産業構造の歴史的モデル——飯沼和正モデル　77
地域自立の産業構造——糸乗貞喜モデル　79
コンパクト都市への回帰　81

第4章　ポスト工業社会の技術的特性と組織　85

1　技術の特性　86
コンピュータ　86／通信　86／発電　87／下水・上水処理　87
ゴミ処理　88／交通　88

2　組織の問題　90

3　ネットワーク型組織　92
ネットワークの有効性　92／ネットワーク型組織の展開　94
スピードの経済性　95

第5章　環境と文化　97

1　自然との共生　98
環境と経済　98／技術の性格　100／共生とは　102／共生の視点　103
自然との共生　106／自然共生度指標　109
技術の自然共生度判定の具体例　112
自然共生型技術と再生エネルギー　115

2　文化の多様性保持と地域の自律と自立　115
画一化の弊害　115／「平等」と「画一化」の混同　116
食文化と環境　117／日本美の特色　119

第6章 文化的修練の重要性──文化経済学の視点 123

1 **文化力と経済力** 124
文化経済学の基本公式 124／文化力と経済力の相互依存 125

2 **西欧主流派経済学の想定と文化要因の無視** 126
スミスと古典派経済学 126／新古典派経済学 127
ケインズとそれ以後 128

3 **経済発展に伴う文化力の向上** 128

4 **経済発展が文化に与える負の影響** 130
経済発展による画一化 130／幸福のパラドックス 131
二つの幸福観 133／トレッドミル効果 134／GDPパラドックス 134

5 **文化資本論、文化の振興が経済を活性化する** 136
第5次産業と文化力 136／文化力の外部経済効果 136

6 **非市場経済部門と文化** 138
文化力の向上と経済力の低下 138

7 **幸福のパラドックス再考** 139
ユードノニズムと幸福のパラドックス 139
ヘドニズムと幸福のパラドックス 141

8 **持続可能な社会と文化** 144

第7章 共同的・非官僚的・多様な社会的組織 153

1 **市場の失敗** 154
自由化規制か 154／市場メカニズム 155

2 **政府の失敗** 158
市場の失敗と政府の市場介入 158

ボランティア概念と第3の公益セクター　159
3　多様な社会的活動と組織形態　161
　　　NPO（Nom-Profit-Organization）　161
　　　NGO（Non-Governmental-organization）　164
　　　社会的企業（Social Enterprises）コミュニティ・ビジネス　165

エピローグ——経済の優位性の崩壊　173

1　地方自治・グローカル　174
　　　日本社会の特徴と地方分権の必要性　174
　　　Small is Beautiful——意思決定への参画と多様な選択　175
　　　民主主義と地方分権・地方自治　176

2　ワークシェアリング——富の分配の不平等の是正　177
　　　負の所得税・固定資産税制——満足のトレッドミル効果の解消　177
　　　ワークシェアリング——豊かさのパラドックスの克服　179
　　　地域通貨——通貨発行自由化論　181／税を労働で支払う（庸の復活）　182

3　プロシューマー(Producer + Consumer)——Do it yourself 経済　183
　　　生産は消費のため、消費は生活を豊かにするため　183
　　　楽しい不便——創造的活動のすすめ　185
　　　オーダーメイドと DIY（Do it yourself）　185／過疎対策　187

4　少子高齢化への対応——文化経済学の視点から　189
　　　少子高齢化と経済の問題　189／文化力と経済力　191

5　経済優先からの脱却　193

あとがき　195

文化の時代の経済学入門
―― 21世紀は文化が経済をリードする ――

プロローグ

高千穂の夜神楽。地域の活性化には、培われた伝統的文化や芸能が大きな役割を果たす。写真提供：須川一幸氏

　この章では、文化と経済の関わり合いを考えるにあたって、従来の経済学の性格を整理し、何故、文化が経済活動に重要な要素を占めるに至ったか、その時代的な背景と時代の特色を明らかにする。

 ## 経済学とは

オイコノミア

　経済は英語では「エコノミー（Economy）」、経済学は「エコノミックス（Economics）」であるが、その語源はギリシャ語の「オイコノミア（Οικονομια）」である。オイコノミアは、オイコス（家、共同体）とノミア（配置、あり方）の合成語であって、「家および共同体のあり方」という意味になる。通常、「家政術」あるいは「家政学」と訳されるが、オイコノミアの性格はむしろ「経営学」に近いものと言える。

現代社会の生活空間

　現代社会の生活空間は、「国民国家」と呼ばれる「国」単位を基本として成立している。国民国家が成立したのは歴史上そう古いことではなく、その萌芽は17世紀の西ヨーロッパにあり、この意味で日本が「国家」を形成したのは明治維新（1868年）によってである。
　新しく成立した国民国家は、いずれも国内に動乱の芽がくすぶり、外には新しく勃興した国民国家間での覇権と植民地獲得のための争いがあり、まさに内憂外患の状態であった。この新生の国民国家が生き抜いていくためには何よりも軍事力の強化が必要となり、そのために国家財政を確立する必要があった。
　この目的を達成するために、国がどのような状態であるか、そしてどのような政策をとるべきかが重要な関心事となった。すなわち、「国家」のあり方が問題になったわけである。そこで、オイコノミア（Economy）がオイコス（家・共同体）を対象とするのと区別する意味で、「Political Economy」という言葉が生まれた。Politica Eco0nomy は、一般的に「政治経済学」と訳されるが、オイコノミアに対するものという意味では、「国家経済学」あるいは「国民経済学」

と訳されるほうがよいように思う。

この Political Economy の概念が様々な書物（主に蘭学）を通じて日本にもたらされた時、幕末の江戸期に流行していた「経国（世）在民」の学にあてはまるとして「経済」という言葉が生まれた。この用語は、漢字を使用する地域（中国・韓国）で共有されている。

 ## 経済学の特性

経済学は、その語源オイコノミアに由来して、学問の通常である現状を明らかにする面（光）に加えて、どのようにするのかという政策性（果実）を求めるところに特色がある。社会学もまた経済学と同様の社会現象を解明するが、政策性はもっていない。この関係は、ちょうど生物学と医学の関係に似ている。生物学も人間の体に関心はもつが、治療行為には関わらない。

一方、経営学や商学も経済現象の解明と政策に関わるが、その対象は個別の企業や組織のあり方であって、一国や地域社会あるいは世界全体のあり方を対象とするものでないため経済学とは関心対象の領域が異なっている。

また、法律学・政治学も一国や地域社会あるいは世界全体を問題にするが、目的を達成する政策手段には、主に強制力や脅迫的な関係を使用している。これに対して経済学は、主に人間の自主的な交換的関係に立脚した間接的な誘導手段をとっている。

 ## 政策科学としての経済学——政策目的

社会や国、地域をどうすべきかという政策を立案する時、目的が明確でなければならない。政策科学としての経済学は、目的を達成するために最善の手段（作法・方法・道具）を選ぶ。したがって、目的は妥当であるか、現実に支持されるものであるか、そしてその目的を達成するためにはどういう手段を選ぶかが問題になる。経済学は、社会全体や国家のあり方を問うものであるため、目的も当然、社会全体の目的や国家目的ということになる。そして、この国家

や社会の目的・目標も、時代とともにその置かれている情勢のもとに変遷してきている。

Political Economy としての経済学が成立した当時、先にも述べたように、新生の国民国家が内に内乱の火種をもち、外には他の国民国家とのしのぎあいに明け暮れていた。このような状況では、国家が存在するためには強力な軍事力をもたなければならず、そのためには国家の財政が豊かでなければならないために経済力を必要とした。すなわち、「富国強兵」が国家の政策目的となった。

日本は明治維新によって、地方分権的な幕藩体制から中央集権的な国民国家へと脱皮した。そして、明治政府は一貫して富国強兵政策を採用している。明治政府は経済の工業化を強力に推し進めていったわけだが、それは軍備を整えるために工業が必要であったからである。日露戦争（1904〜1905年）でのバルチック艦隊との「日本海海戦」は有名な話であるが、その時の旗艦「三笠」は、日本製ではなくイギリスの造船所で造られたものである。つまり、維新後35年経っても、満足な軍艦を造ることができなかったのである。戦争を遂行するためには、いかに工業力が必要かが分かる。

工場法成立──1911（明治44）年の経緯

工業化には、機械や設備、それにノウハウが必要であるが、それらをイギリス、フランスなどの先進列強に日本は依存しなければならなかった。明治時代には、現代の中国のように外国からの直接投資などが期待できなかったので、購入せざるを得なかった。そのためには外貨を稼ぐ必要があったが、そのための輸出商品が生糸であった。生糸の生産のために日本各地で桑が植えられ、蚕が飼われ、繭から生糸をつくる製糸工場が建てられた。製糸工場には農村から若い女性が集められ、劣悪な労働条件のもとに働かされた。この悲惨さは「女工哀史」[1]として語りつがれている。

ところで、この女工の劣悪な労働条件に対して、政府が「工場法」を制定して改善を求めた。この工場法の成立には陸軍省が力を入れたという話が残っている。何故、陸軍省が女工の労働条件に関心をもったのであろうか。

劣悪な労働条件で働かされた女工のなかには健康を害する者も多く、結核を患う者もたくさん出た。健康を害した女工が故里の農村に帰って結婚すると、丈夫な子どもを産むことができず、ひいては強い兵士が育たないという懸念から陸軍省が関心をもったのである。今日から見れば本末転倒な話であるが、当時としてはこれが正論であったと思われる。

　これらの話は、富国強兵が国策としていたことを物語るものである。今日の世界では、富国強兵を公然と国策に掲げる国は北朝鮮などごく少数でしかないが、少なくとも第2次世界大戦が終わる（1945年）まではほとんどの国がそうであった。そして、公然とは掲げられないが、実質的にはまだ富国強兵の名残が冷戦が終結したあとも続いている。

 ## 富国強兵から福祉国家へ

　第1次世界大戦（1914～1918年）ならびに社会主義国ソ連の成立（1917年）は、欧米列国に大きな衝撃をもたらした。これより、世界の体制は強兵による富国から、富国そのものへと関心を寄せることになる。イギリスの経済学者ピグー[(2)]は『厚生経済学』（1920年）を著して、経済学を「国民福祉の向上」という観点から集大成し、以下に挙げる厚生経済学の三つの命題と言われる実践的な政策目標を提示した。

❶他の条件が一定ならば、経済成長は国民の福祉を増大する。
❷他の条件が一定ならば、国民の所得分配が平等になるほど国民の福祉は増大する。
❸他の条件が一定ならば、経済の変動が安定的であればあるほど国民の福祉は増大する。

---

(1)　細井和喜蔵『女工哀史』（岩波書店、1980年。初版は、1925年に改造社から）や、山本茂実『あゝ野麦峠』（朝日新聞社、1968年）などを参照。
(2)　アーサー・セシル・ピグー（Arthur Cecil Pigou, 1877～1959）。イギリスの経済学者で「厚生経済学」の創始者。マーシャルの基本的着想を継承・発展させて、国民所得の増大・分配・安定について研究を行う。他の著書に『失業の理論』などがある。

ピグーのこの三つの命題は導出のプロセスに問題があることが指摘されているが、福祉国家の政策目標としては実践的な基準である。

いずれにしても、現代の国家が掲げる政策の目標は「国民の福祉」である。このことは日本国憲法にも明示されているが、それは具体的にどのようなものであり、またどのように測定、あるいは数値目標として設定されるものであろうか。ある程度量的に表示されないと、実施した政策の効果が評価できない。

 マクロ経済政策の目標

経済成長はおおむねすべての国民に恩恵をもたらすと考えられており、国家政策の要になっている。しかし、経済成長、特に急速な経済の成長は様々な副作用をもたらすことになる。短期的な事項として、次のようなことが懸念される。

❶経済成長を促すために、総需要の拡大が図られる時に、生産能力、特に原材料や人手の不足をもたらし、インフレーションを引き起こすかもしれない。

❷経済成長の結果、輸入が拡大し、国際収支が悪化するかもしれない。

❸経済成長はおおむね雇用を増大させるが、急激な産業転換が生じると雇用のミスマッチが起こり、かえって失業が増大するかもしれない。

以上のようなことを考慮すると、短期的なマクロ経済政策の目標として次の四つが掲げられる。

　❶（適度な）経済成長
　❷（消費者物価での）インフレーションの抑制
　❸失業の解消
　❹国際収支の均衡

上の❶～❸については改めて説明の必要ないと思われるが、❹については多少の説明が必要であろう。

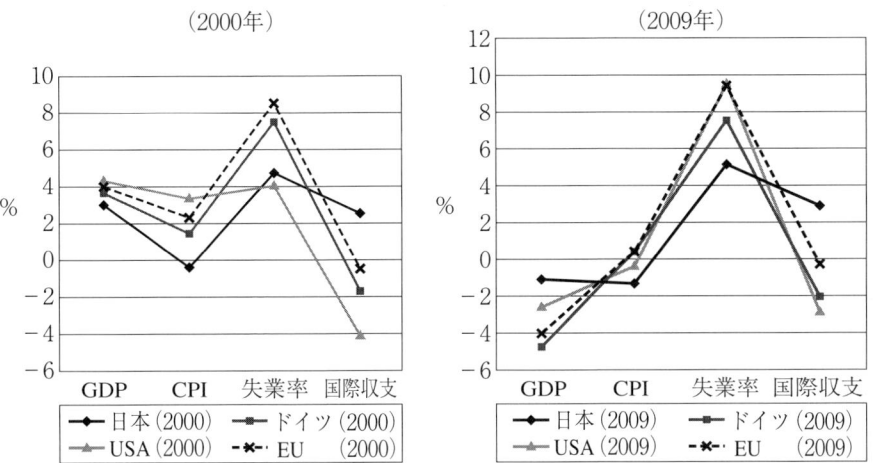

図プ-1 マクロ経済政策の目標成果

出所：OECD Economic Outlook 87 database.

　一国の経済にとって、国際収支が黒字傾向になるのは望ましいことである。しかし、世界全体で考えてみると、どこかの国が黒字になればどこかの国々が赤字になるわけである。例えば、現在、日本や中国が大幅な黒字を出しているが、その分アメリカ合衆国は多大な赤字を背負っている。また、日本と中国の経済成長はアメリカへの輸出にかなり依存しているわけだが、このような状態が長く続けばこれらの国々間の貿易関係に悪い影響が生じ、ひいては黒字国である日本や中国の足を引っ張ることになる。いずれにしても、どの国であっても国際収支が赤字に転落することは好ましくないが、そのためには国際収支の均衡に努めなければならないということである。

　これら四つの目標値は、ちょうど、血圧、体温、体重などが人間の健康状態を示すバロメータであるのと同様、マクロ経済状態が健康であるかどうかを知るバロメータとなる。ちなみに、世界の主要国とEUのマクロ経済成果を、2000年と2009年について図示すると図プ-1のようになる。それぞれの国の事情が違うことが分かるが、どの国であれ、サブプライムの影響を受けて2009年は経済事情が悪くなっている。

図プ−2　従来の経済学の想定・空っぽの世界

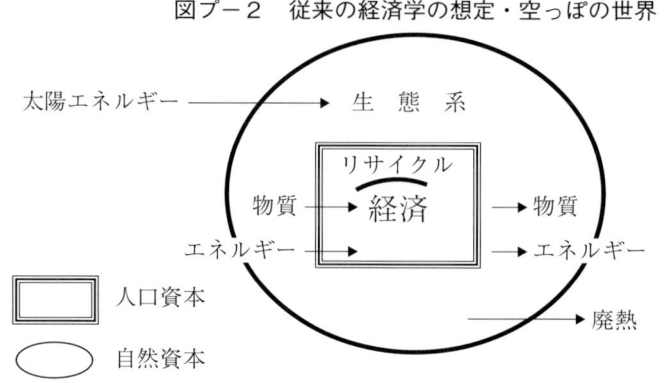

出典：H・E・デイリー／新田他訳『持続可能な発展の経済学』69ページ。

社会の持続性の危機

　第2次世界大戦後、世界経済は順調な発展を遂げてきたが、オイルショック（1974年）によって大きな打撃を受けた。オイルショックは、石油など生産活動に必要な天然資源が無限でなく有限であり、このまま経済成長が続くと枯渇するのではないかという懸念が現実となったものである。これに加えて、日本でも高度成長期に顕著になった公害（大気汚染、河川や海の汚染、自動車の排気ガス）、そしてCO_2などの排出による地球温暖化、生物多様性の危機など、環境悪化に関わる問題も噴出することとなった。

　これらの事態は、それまで経済成長や発展は永遠に続いていくであろうとか、経済の発展に伴って次世代の人々は確実に今の世代の人よりも豊かで幸福になるという信念、いわゆる「成長神話」と言えるこの信念を崩壊させることになった。H・E・デイリー（Herman E. Daly）は、『持続可能な発展の経済学』（2005年）という本のなかで、二つの図を使ってこのような変化を説明している。

　「成長神話」が生きている時代は、図プ−2で示されるように、人間の経済的活動はそれほど大きくなく、経済発展の初期段階では地球の生態系の許容範囲であった。

図プ－3　環境の経済学の想定・充満した世界

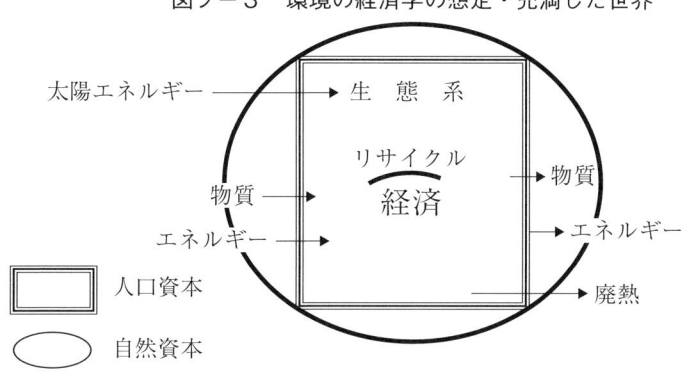

出典：H・E・デイリー／新田他訳『持続可能な発展の経済学』69ページ。

　あるいは、その自然環境浄化の潜在能力は、人間の経済活動がもたらす破壊的な影響（資源の略奪、環境破壊）を許容することができた。すなわち、経済活動に起因する破壊的な影響を復元または吸収することができたわけである。しかし、経済が発展し、人間の活動が拡大するにつれて生態系の許容範囲に近づき、現代ではすでに図プ－3のように許容範囲のギリギリのところまで拡大してしまっている。このような状態でさらに経済を拡大しようとすると生態系の許容範囲を縮小してしまい、かえって経済を拡大することができなくなる。すなわち、持続可能でなくなるのである。

　このような充満した世界では、経済活動を現在の水準に維持するためにも、生態系の許容範囲および潜在能力を破壊しないように細心の注意が必要となり、経済と環境は両立・統合されなければならない。

　日本は、1960年以来高度な経済成長を達成し、現在でも中国に脅かされているが、アメリカに次ぐ世界第2位の経済大国の地位を保持している。考えてみれば、第2次世界大戦後の荒廃した日本を経験した人にとっては想像もできなかった出来事である。この経済成長・発展それ自体は評価に値するものであるが、それに伴って払った犠牲や失った大切なものがたくさんある。例えば、今から50年前までは日本中の川や海は至る所で泳げたし、川の水もそのまま飲む

ことができた。しかし、今はそのような所が極めて少なくなった。また、水鳥も魚も多くいたが、かつて日常的に見られた生物が今では絶滅の危機にさらされている。

日本の高度成長・発展は、豊かで美しい自然を犠牲にして達成されてきたものである。このことに携わった人達が明確にそのことを意識しなかったとしても、結果としてはそうなっているのである。おそらく、これ以上自然を痛めつけることは生態系の回復蘇生能力に壊滅的な打撃を与え、言うまでもなく、子孫に取り返しのつかない劣悪な環境を残すことになり、経済活動に関しても膨大な付加的費用を必要とすることになる。

「持続可能な社会」とは

社会が持続可能とはどういうことかについては様々な表現があるが、一般的には「現代の世代が享受しているのと少なくとも同じ程度の豊かな生活を、後世の人達も可能なようにすること、その可能性を壊さない」[4]とされている。すなわち、持続可能性とは、現代の世代のことばかりでなく次世代のことにも配慮し、現世代の欲求や欲望を最大限に満たそうとすることが次世代の人々の可能性を破壊することになるかもしれないということを忘れてはならないと要求しているのである。

現世代が生活の利便性、快適性を追い求めて石油などを大量に使えば、後世の人達が資源不足に悩むことになるかもしれず、環境のことなどに一切配慮せずひたすら経済効率のみを追い求めると、子孫には取り返しのつかない劣悪な環境を残すことになる。

「国民の福祉」は、国家の政策目標としては当然のことであるが、現世代の欲求のみを最大化するのではなく次世代のことを考慮することは、「社会の持続可能性」という観点から、社会のあり方をもう一段次元の高いものに置くことになると言えよう。昨今は、この「社会の持続可能性」が究極の政策目標として意識されるようになりつつある。

 **経済発展とポスト工業社会**

 日本経済の現状と課題

　高度経済成長期の1960年代から1990年代にかけて、日本の経済はめざましく発展した。この発展過程で生産能力が飛躍的な拡大を遂げただけでなく、生産性の向上、そして日本製品の品質も格段によくなった。日本製品がこぞって輸出されたが、かつて「安かろう悪かろう」という評判であったものが「高いが良い」という評判に変わった。

　ボーゲル[5]が『ジャパン・アズ・ナンバーワン』（1979年）という著書を出版したが、あながち贔屓目ではなかったと言える。この日本経済の体質変化は、戦後の景気変動と貿易収支の関係で見てとれる。

　高度経済成長期以前の景気変動は、主に金融政策に伴って生じた。好景気なると輸入が増えすぎて貿易収支が悪化した。それで、政府は金利を高く誘導する政策を実施して経済成長を抑制した。しかし、高度成長期に至ると輸出が好調となり、好景気となっても貿易収支が悪化しなくなった。この結果、外国為替体制が固定相場から変動相場に変わり、急激な円高が進むことになった。

　急激な円高が日本経済に悪影響を与えると予測して、日本政府は財政支出の拡大と低金利政策で景気を支えようとした。これが空前の「バブル景気」を発生させ、その後の崩壊（1990年2月）へと進むことになる。

---

(4) 1984年から1987年まで国連に設置された「環境と開発に関する世界委員会」（通称、ブルントラント委員会）の報告書「地球の未来を守るために」に基づく。
(5) エズラ・ファイヴェル・ボーゲル（Ezra Feivel Vogel, 1930〜 ）。アメリカの社会学者。親日派としても知られ、彼の著書である『ジャパン・アズ・ナンバーワン——アメリカへの教訓』は我が国に大きな関心をもって迎えられ、経済界のみならず多くの知識人に影響を与えた。

ポスト工業社会

　バブル経済崩壊後、日本経済の沈滞は長期化し、「沈滞の10年」とまで呼ばれるようになった。この沈滞をもたらした原因を、バブルを発生させる原因となった金融緩和政策に求められことが多い。直接的な要因としてはそのことが大きいとしても、日本経済の沈滞をもたらした原因はもっと基本的で構造的なものにある。

　1971年8月のアメリカのドル防衛政策（ドル・ショック）以後、世界の国際金融システムは変動為替制度に移行し、一貫して円高基調となった。これが原因で日本の製造業が海外へ進出することになり、国内における産業（工業）の空洞化が進んで第2次産業の比率が低下することとなった。つまり、「工業社会」から「ポスト工業社会」へと転換することになったのである。振り返ってみれば、バブル期の日本は、相対的に考えて工業国として最強の時期であったと思われる。

　1989年11月のベルリンの壁撤去に始まる社会主義国の崩壊は、長く続いた計画経済と市場経済との体制論争に区切りをつけるものと見られるが、むしろ体制の優劣論争よりも産業構造の変遷から見るべきものと考えられる。すなわち、社会主義国も工業化への道からサービスを中心としたポスト工業社会へ移行したのであり、その結果、計画経済では対応できなくなったのである。だからといって、従来型の市場経済的な発想ではうまくいかないということは、昨今の世界経済の事情を見ても明らかである。

　日本の場合、「沈滞の10年」からなかなか抜け出せなかった最大の原因は、産業構造が工業社会からポスト工業社会に移行してしまっているのに政治体制や産業政策が依然として工業社会の体質のまま変わっていないことにある。この10年は、工業社会からポスト工業社会への脱皮期間であったわけであるが、残念ながらまだこのことは明確に意識されていない。さらに、「ボーダーレス」、「グローバル化」の意味もまだ正確には認識されていないことも挙げておく必要がある。

 ## ポスト工業社会の表現

「ポスト工業社会」とは、ダニエル・ベル[6]が『脱工業化社会の到来』(1973年)という本のなかで使っている表現であるが、同様の状況を様々な人々が別の言葉において表している。表プ－1はそれを一覧にしたものであるが、以下で、それぞれについて詳しく説明していくことにする。

表プ－1　経済発展段階の表現

提唱者	特色要因	段階			
ベル	表現	前工業社会		工業社会	ポスト工業社会
トフラー	表現 契機 エネルギー 経済 社会システム	第一の波 農業革命 自然エネルギー 自給自足		第二の波 産業革命 化石エネルギー 貨幣経済 画一性・集中	第三の波 エレクトロニクス革命 自然エネルギーの見直し pro-sumer 多様性・分散
ガルブレイス	表現 希少な資源	奴隷経済 労働	封建経済 土地	資本主義 資本	新しい産業社会 情報・技術
ポランニー	表現	家計経済		市場経済	ポスト市場経済
ドラッカー	表現 組織			資本主義 営利企業	ポスト資本主義 非営利企業

出典：筆者作成。

 ### ベルの表現（『脱工業化社会の到来』1973年）

ベルは、ポスト工業社会の特徴として、経済社会では製造業からサービス業へ、科学技術部門では新しい科学を基盤とした産業の集積化であり、社会的に

---

(6) ダニエル・ベル（Daniel Bell, 1919～）。「イデオロギーの終焉」論は世界的な流行語ともなり、脱工業社会の概念を提起したことでも有名である。他の著書に『資本主義の文化的矛盾』などがある。

表プ−2　社会変化の一般的図式

	前工業社会	工業社会	ポスト工業社会
地域	アジア　アフリカ　ラテンアメリカ	西ヨーロッパ　日本　旧ソ連	アメリカ
経済部門	第1次　採取業　農業　鉱業　漁業　林業	第2次　製造業　工業　加工業	第3次　輸送　レクレーション　第4次　貿易　金融　保険　不動産　第5次　保健　教育　研究　統治
職業スロープ	農夫　工夫　漁師　未熟練労働者	半熟練労働者　技術者	専門職　技術職　科学者
技術	資源	エネルギー	情報
構図	自然に対するゲーム	つくられた自然に対するゲーム	人間相互間のゲーム
方法	常識　体験	経験主義　実験	抽象的理論　モデルシミュレーション　決定理論　システム分析
時間的展望	過去志向　アド・ホック的対応	アド・ホック的順応　計画	未来志向　予測
基軸原論	伝統主義　土地・資源の限界	経済成長　投資決定の国家的・私的統制	理論的知識の中心性およびその集成化

出典：ベル『脱工業社会の到来』邦訳書162ページ。

は新しいエリートの台頭であるとしている。そして、**表プ−2**のような図式を作成している。

　ベルの著作以来、世界経済の構図は大きく変化した。アジアのなかでも**NIES**と**ASEAN**の諸国および中国、そしてラテンアメリカのメキシコなどがすでに工業社会に入っていると判断される。また、日本と西ヨーロッパ諸国はポスト工業社会に入っていると判断できる。

　ベルはサービス部門を**表プ−2**のなかのように分類したが、この分類につい

てはその意味づけが不明確である。このことに関しては、第3章で詳しく取り上げることにする。

▲ トフラーの表現（『第三の波』1980年）

　トフラー[7]は、人類の歴史のなかで、人間社会を根本から変革するような出来事が三つあるとしている。そしてそれらを、「第一の波」、「第二の波」、「第三の波」と名付けた。
「第一の波」は農業革命に関係するもので、人類は農耕に従事することで定住することになった。一か所に定住することになると、住居も堅固なものにする意義が生じ、それに付随して立派な建造物も造られるようになる。人々が多数集まって平和裏に生活するにはルールが必要であり、法律やそれの順守を担保するための仕組が必要となる。すなわち、「国」が形成されることになる。
　当然ながら、産業というよりも生業(なりわい)のための生産活動は農業であり、生産されるものはほとんど生産者やその共同体内で消費されていた。基本的には自給自足であり、一部の商品のみが売買されていた。
「第二の波」は産業革命と関係するもので、工業的生産方法が導入されることによって農業を基盤とした社会が大きく変化してくる。この波の影響は、今もなお大きなうねりとなって続いている。この波の発生過程と特質については第2章で詳しく述べることするが、工業化によって大規模生産が行われ、自給自足的な社会から、消費と生産の場が分離した市場経済が支配的となった。
「第三の波」はエレクトロニクス革命と関係するもので、現在進行しているものである。この革命は、情報・通信の技術を飛躍的に向上させ、生産プロセスでオートメーション化が進み、多品種少量生産を可能にした。エレクトロニクス革命によるオートメーション化は、工場内に留まらずオフィスのオートメー

---

(7) アルビン・トフラー（Alvin Toffler, 1928〜）。アメリカの評論家、作家、未来学者。1949年、ニューヨーク大学卒業。『パワーシフト——21世紀へと変容する知識と富と暴力』など著書多数。特に、世界的にも著名な著書『第三の波』は、我が国の経済や社会に多大な影響を与えた。

ション化を推し進め、在宅勤務を可能にし、消費と生産の場が再び一致する傾向となった。

ガルブレイスの表現（『新しい産業国家』1967年）

　ガルブレイス[8]は、時代の変遷に伴って社会を支配するエリートの性格に違いがあるとし、その相違は、相対的に稀少となる生産要素に起因するとした。従来、経済学では、本源的な生産要素として「労働」、「土地」、「資本」の三つを挙げている。資本とは、工場や機械設備、原材料などである。

　ガルブレイスは、重要な生産要素として、これに「情報・知識・技術」を加えている。そして、これらの四つの生産要素は、どの時代においても充分豊富にあるのではなく、社会の状態によっていずれかが相対的に稀少になるという。この相対的に稀少となった生産要素がその社会の生産構造に決定的な役割を果たし、その稀少な生産要素を支配するのがエリート層となる。

　古代、まだ地球上に人間が多くなかった時、未開の土地はふんだんにあり、自然は豊かで、あくせく働く必要もなく生きていけた。したがって、この時代では労働力が不足していたと言ってよいだろう。おそらく、人は強制しなければ働かなかったと思われる。労働は、文字どおり「labour（苦痛）」であり、今日的な感覚での労働や仕事という概念はなかったと思われる。

　よって、面白くない作業をさせるには強制しなければならず、奴隷にする必要があった。そして、この奴隷という希少な生産要素を保有する者が社会を支配した。というよりも、社会を支配した者が多くの奴隷を手に入れたと言ったほうがよいかもしれない。

　時代も進み、中世になって人口が増加すると、人々はある程度まじめに働かないと生きていけなくなった。つまり、強制しなくても働くようになったわけである。そして、労働は相対的に希少な生産要素ではなくなり、むしろ土地が希少なものになった。土地を所有する者が封建領主となり、社会を支配した。

　産業革命が起こり、工業的生産方法が考え出されると、機械や設備、石炭・石油などが生産活動で重要な役割を果たすことになった。それに基づいて、こ

のような資本を調達できる者が社会を支配するエリートとなり、資本が相対的に希少になったのである。

　産業革命以後、工業化（近代化）を成し遂げた諸国の経済成長はすさまじい。これら諸国の生産力は飛躍的に向上したわけだが、その結果、機械や設備といったものが入手しやすくなり、国民も豊かになったため貯蓄が増えて資本も調達しやすくなった。すなわち、資本が相対的に希少な生産要素ではなくなったのである。

　一方、工業化を達成して経済が発達した国々では、生活のための基本的な欲求を満たす消費財が豊富で、得られる所得に比べると安価で入手が容易となった。つまり、モノが豊かで飽和状態になったわけだ。

　このような状況で企業が活動を続けて利潤を上げるには、新製品を開発し、消費者に新しい欲求をもたらす新市場を開拓していかなければならない。また、製造に関しても、ライバル企業に勝つために、可能な限り安価で商品を提供することが必要となる。このような状況に対応するためのイノベーションに必要な情報・知識・技術が求められ、それらが相対的に希少な資源となった。「テクノクラート（technocrat）」と呼ばれる職能人がこれらの所持者であり、彼らがこの社会のエリートとなる。

　現代のテクノクラートに求められている資質についてガルブレイス[8]が面白いことを言っているので、要約して紹介しておこう。

> 　現代の産業で商品を開発するのには、様々な分野の技術者が力を合わせなければならなくなっている。例えば、自動車を例にとってみても、Ｔ型フォードのコンセプトでは丈夫であるということが重要で、乗り心地などは配慮されなかった。技術者は丈夫な車づくりだけを考えればよかったので、技術者は１人か２人で事足りた。ところが、現代の自動車は丈夫で乗

---

(8) ジョン・ケネス・ガルブレイス（John Kenneth Galbraith, 1908～2006）。カナダ出身の経済学者。ハーバード大学名誉教授。1961年から1963年にかけて米国の駐インド大使として赴任。1972年にはアメリカ経済学会の会長を務め、「アメリカの良心」とも称される。他の著書として、『ゆたかな社会』、『不確実性の時代』などがある。我が国にも多大な影響を与えた。

り心地のよいものとか、燃費、環境対応などが求められており、多くの専門家が参画しないと造れなくなっている。また、工業的な技術だけでなく自動車のデザインといった芸術性も求められているので、技術者間の協調性とかチームワークが大事となる。

　自動車などの商品開発において、日本の技術が世界中で評価されている背景にはこのような技術者の協調精神ないし「和」の精神が活かされているのではないかと思っている。

ポランニーの表現（『大転換』1944年）

　ポランニー[9]は、近代以前の社会は経済が社会に取り込まれていたと考え、経済が離陸して成長軌道に乗るのを阻んでいたとしている。経済が成長への軌道へと離陸するかどうかは、これまで社会における余剰（物・人・知識）を教会や寺院などの聖なるものに投入していたのを、工場・機械・設備などの再生産を可能にする俗なものに投入できるかどうかである。ちょうど、鄧小平[10]が分配の平等という社会主義の呪縛を解き放ち、「豊かになれる者から豊かになればよい」と方向転換を図った時に似ている。

　ところで、「近代」という言葉を説明する代わりに以下のような特色があることを記しておく。

❶排他的で唯一最高の権威をもつ絶対主義国家（国民国家）の出現。
❷身体的統制力（暴力）の国家への集中。
❸均一的な税制。
❹官僚制による行政組織の確立。
❺政治の職業化。
❻共同体の解体と利益社会の登場。
❼歴史観：進歩信仰・発展（開発）主義。
❽経済：産業化・工業化・資本主義化・市場化。
❾個人主義、合理主義、人格の自立化、啓蒙主義。

　　　　　　（大橋健二『反近代の精神、熊沢蕃山』4ページより）

近代以前は、政治的にも経済的にも、日常生活の生業(なりわい)に関して言えば村落や都市の共同体の枠組みのなかですまされていて、個人がこの枠組みをはずれて国や社会一般に関係することはほとんどなかった。というよりも、共同体の上層部である僧侶、武士階級の一部、商人の一部など限られた人達によって共同体が維持されていた。したがって、経済活動も共同体の制度的な枠組みに縛られていたと言える。

　近代化は、個人を政治的にも経済的にもこのような共同体の枠組みから解き放ち、国や社会一般と対峙することになった。しかし、人間とは不思議なもので、近代化が叫ばれ、近代化への運動が2世紀ばかり続けられ、中世以来、個人を縛っていた共同体がほぼ完全に崩壊したこの時期になって中世の共同体を懐かしく思うようになってきた。すなわち、近代化のもつ欠点が浮き彫りになってきたのである。

　特に、経済至上主義の飽くなき膨張は決して人々を幸福にするものではなく、また環境の著しい破壊を招いて社会の持続可能性を危機に陥らせている。現在は、再び経済が社会のなかに取り込まれなければならない時代になってきており、これはとりもなおさず、市場を万能とすることからの決別であると言える。

ドラッカーの表現（『脱資本主義社会』1993年）

　ドラッカー[11]は日本でも有名な経営学者で、その著書の日本語訳は400万部

---

(9)　カール・ポランニー（Karl Polanyi, 1886〜1964）。ハンガリーのブダペストに育つ。ブダペスト大学、ウィーン大学で学び、哲学と法学の学位を得て弁護士資格をとった。1944年に、研究の成果である著書『大転換』を著す。資本主義の矛盾・欠陥を指摘し、市場経済に頼らない互恵・贈与による経済のあり方をも指摘した。

(10)　（とう・しょうへい、1904〜1997）。中華人民共和国の政治家。3回の失脚を乗り越えて、史的唯物論の視点に基づく「改革開放」政策によって中華人民共和国の市場経済化に着手した。1978年から1992年までの、事実上の中華人民共和国の最高指導者であった。

(11)　ピーター・ファーディナンド・ドラッカー（Peter Ferdinand Drucker, 1909〜2005）。オーストリア生まれのユダヤ系経営学者・社会学者。多数の著書を著しているが、1990年に著した『非営利組織の経営』が、今日のNPOやボランティの意義を示唆するものとなった。

以上売れたと言われている。この経営学者はアメリカにおける非営利組織に興味をもち、調査した結果、非営利組織のほうが営利企業よりも組織に活力があり、従業員も生き生きとしていると言っている。そして、それはやはり仕事へのインセンティブや社会的使命感などが自発的に働くことにつながるからだと指摘している。

　工場では、ベルトコンベヤーなどで機械による作業の管理が可能である。しかし、ポスト工業社会では、目に見える「モノ」の生産が主流でなく、目に見えない「サービス」の生産が中心となるので、働く人の自主性がなければ質・量の向上が望めない。また、サービスの内容も、医療、福祉、教育、研究開発など営利を目的とした組織に馴染めないものが増加すると見られている。したがって、非営利組織が重要な役割を担うことになり、「ポスト資本主義」という概念が成立することになる。

参考文献

- Bell, Daniel（1973）*The Coming of Post-Industrial Society,* Basic Books Inc.（内田忠夫・嘉治元朗・城塚登・馬場修一・村上泰亮・谷島喬四郎訳『脱工業社会の到来（上・下）』ダイヤモンド社、1975年）
- Daily, E. H.（1996）*Beyond Growth, the Economics of Sustainable Development,* Beacon Press.（新田切・蔵元忍・大森正之訳『持続可能な発展の経済学』みすず書房、2005年）
- Drucker, Peter F.（1993）, *Post-Capitalist Society,* Harper Business.（上田惇生・佐々木実智男・田代正美訳『脱資本主義社会』ダイヤモンド社、1993年）
- Galbraith, J. K.（1967）*The New Industrial State,* 2nd, Houghton Mifflin.（都留重人監訳『新しい産業国家』河出書房、1972年）
- Georgescu-Roegen, Nicholas（1971）, *The Entropy Law and the Economic Process,* Harvard University Press.
- Georgescu-Roegen N.（1981）, *Economics of Natural Resource-Myths and Facts.*（小出厚之助・室田武・鹿島信吾翻訳『経済学の神話――エネルギー資源、環境に関する事実』東洋経済新報社、1982年）

- Koslowski, Peter,（1987）*Die Postmo d erne Kultur,* C.H. Beck'sche Verlagsbuch-handlung.（高坂史郎・鈴木伸太郎訳『ポスト・モダンの文化——技術発展の社会と文化のゆくえ—』ミネルヴァ書房、1992年）
- Pigou, A. C.（1920）*The Economics of Welfare,* MacMillan.（永田清監修、千種義人他3名共訳『厚生経済学』東洋経済新報社、1953年）
- Polanyi, Karl（1944）*The Great Transformation*, Farrar & Rinehart.（吉沢英成・野口建彦・長尾史郎・杉村芳美訳『大転換——市場経済の形成と崩壊』東洋経済新報社、1975年／新訳版、野口建彦・栖原学訳、2009年）
- Rifkin, J.（1980）*Entropy; foundation of economic trend*, The Viking Press.（竹内均訳『エントロピーの法則、21世紀文明観の基礎』祥伝社、1982年）
- Toffler, Alvin, *The Third Wave* , William Morrow & Company Inc., 1980.（徳岡孝夫監訳『第三の波』中公文庫、1982年。）
- Vogel, Ezra F.（1979）*Japan As Number One*, Lessons for America, Harvard University Press.（広中和歌子・木本彰子訳『ジャパンアズ　ナンバーワン』TBSブリタニカ、1979年）
- 大橋健二（2000）『反近代の精神、熊沢蕃山』勉試出版。
- 駄田井正（1995）「ポスト工業社会とマクロ経済政策の理論」（木下悦二編『経済学的手法の現在』久留米大学経済学部創設記念論文集、九州大学出版会、241～267ページ所収）
- 駄田井正編著（1999）『九州独立も夢ではない』同文舘出版。
- 山本茂美（1968）『ああ野麦峠——ある製糸工女哀史』朝日新聞社。

付　言

　ポスト工業化社会の様相について、Koslowski（1987）は総合的な俯瞰である。駄田井（1999）は、ポスト工業社会への対応から今後の日本のあり方を考察したものである。環境への配慮に関しての従来の経済学における最大の欠陥はエントロピー増大の法則を無視したことである。それは、Georgescu-Roegen（1971）によって指摘された。Rifkin（1980）は、エントロピー法則に準拠した文明史観を展開している。山本（1968）は、当時の女工や工場関係者からの聞き取りによるノンフィクション文学であり、映画化もされている。

第1章
工業化社会の特色

大牟田の近代化遺産(三池炭鉱、万田抗跡)。石炭は産業革命のエネルギー源である。写真提供:境和彦氏

　近代化とは、政治体制の面では中央集権的な国民国家の成立であり、経済面では工業化である。これらは相互に密接な関係をもっている。
　革命とか大きな変革があったとしても歴史は連続しているので、前の時代は後の時代をつくり出す要因をもっている。また、それぞれの時代の特色を理解するためには、他の時代との比較を行うことが必要となる。したがって、ここでは、ポスト工業社会の特色を理解するためにも、そして何故ポスト工業社会が出現したのかについて理解するためにも、工業社会の特色について簡単に触れておく。

1 産業革命

産業革命はどのような経緯から生じたのか、あるいは、何故イギリスが発生の地になったのかについては非常に面白い話題であり、論争の多いものであるが、それは他に譲り、ここでは、産業革命は何をもたらしかについて焦点をあててみたい。

▲ 蒸気機関の発明

産業革命は工場での大量生産システムを生み出す契機となったが、それは蒸気機関の発明による輸送革命がもたらしたものである。何故なら、工場でいかに生産費用を安くすることができても、輸送費が高くつくと結局は消費者の手に届く時には高くなって、多くの消費者を獲得することができないからである。

効率的な輸送が可能になったことで、大量に生産し、大量に市場に送り出せるようになった。ちなみに蒸気機関は、当初、炭鉱の排水ポンプとして使用された。それが車に取り付けられて馬の代わりに機関車となり、輸送効率が大きく向上した。

産業革命以前では熱源は主に木材であった。イギリスでは地形が平坦なことから早くから森林が伐採されて耕地や牧場となり、木材が不足した。木材が不足すると暖房もままならなくなるが、何よりも鉄の精錬ができなくなる。その後、木材の代わりに石炭が利用されるようになって鉄の生産量が飛躍的に増加した。

蒸気機関は、エネルギーの使用形態から見れば熱エネルギーを動力エネルギーに変換する装置である。それまで人類は、家畜や人力あるいは風力や水力などのエネルギーから動力を得てきた。熱源から動力エネルギーを得ることができるようになったことは画期的な出来事で、人類が火を使用する方法を得たのに匹敵する発明である。

最初は木材や石炭が熱源となったが、その後、石油や天然ガス、そして原子力の利用などと変化していったことは説明を必要としないだろう。現代では、このような化石エネルギーだけでなく、太陽光や地熱、風力など自然エネルギーを積極的に利用しようとする傾向となっている。

▲ 通信機能の発達──情報の収集能力

　何をどれだけ生産し、生産したものをどこにどれだけ運んで販売すればよいかなどに関して精確な情報がなければ、売れ残りの在庫を抱えるだけである。的確な情報がなければ、大量生産システムも宝の持ちぐされになる。

　電気の発見は、同時に電信の発明をもたらした。電信は軍事技術としても使用されたが、経済活動に援用され、原材料、商品の発送・発注を迅速にすることを可能にした。もちろん、通信機能は電信だけではなく、郵便制度が整備されることによって大きく進歩している。

　通信機能が発達すると、情報の収集や伝達が容易となる。これによって、大量生産と大量輸送が有効な手段となって活用できる。

▲ 生産基盤インフラストラクチャー（社会資本）の整備

　蒸気機関車や汽船、そして自動車などの輸送手段があっても、鉄道や港湾、道路などが整備されていないと「宝のもちぐされ」で終わってしまう。輸送革命を成立させ、大量生産方式が有効になるには、鉄道・港湾・道路などの生産基盤インフラストラクチャーを整備することが不可欠である。

　これらを整備するためには社会が安定していなければならず、政府が機能していなければならない。政治の安定が絶対であり、一貫した計画のもとで整備が行われなければ無駄に終わってしまう。したがって、しばしば工業化の初期段階では、社会主義的な体制や開発独裁と言われるような強力なリーダーシップが必要になる。

2 工業化の六つの法則（トフラー『第三の波』）

　トフラーは、工業的生産方法、すなわち大量生産することで生産費用を低減させる方法は、①規格化の原則、②専門化の原則、③同時化の原則、④集中化の原則、⑤極大化の原則、⑥中央化の原則、といった六つの原則を生むとした。以下において、それぞれを簡単に説明したい。

▲ ①規格化の原則

　大量に製品を生産する場合、一つ一つ個性があるものをつくっていたのでは能率が悪い。同じものを複製するように生産することが効率を高め、経費を下げる。したがって、規格化し、画一化を図ることになる。部品も規格化しておけば、用途が広がってさらなる大量生産を可能にする。

　もっとも、部品の規格化は、初期にあっては経済的な目的よりも軍事的な目的に主眼が置かれていたと言われている。例えば、銃などの部品を規格化しておけば交換が可能になり、損傷した武器の修復が容易になるからである。

▲ ②専門化の原則

　規格化された製品を大量にしかも効率的に生産するには、生産工程をできるだけ単純な作業工程に分解し、各部分の作業工程に専門の担当者を割り当てることが必要となる。単純な工程は習熟するのが容易であり、同じ作業を繰り返すことで作業効率も上がる。フレデリック・テイラー[1]はこの方法を体系的に整理したが、それは「テイラー・システム」とか「科学的管理法」と呼ばれている。

　この方法を実践したヘンリー・フォード[2]は、世界最初のベルトコンベヤー式の組み立てを開始した（1913年）。「フォーディズム」と呼ばれるこの生産方

法は人間を機械化するという批判があるが、大量生産を目指す製造業においては今なお主流となっている。

　作業工程が細分化され、部品も企画化され、大量生産による効率化が進んだことで、細分化と分業化は、工場内の生産工程に留まらず業種・産業の分業化・専門化にまで及ぶ。例えば、トヨタ自動車や日産自動車にしても、エンジンや車体などといった中心となる部品は別にして、ほとんどの部品がアウトソーシングされている。自社で生産するよりも安く、かつ優れた部品が調達できるというメリットは大きい。そして、部品メーカーは、ほぼ同じ部品を各自動車会社に出荷している。これを可能にしたのは、大量生産による規模の経済と専門化による技術の集積があったからである。

　社会が工業化するにつれて、分業化と専門化は生産工程や業種に限らず、職種はもちろん学問・芸術・スポーツなどの様々な分野にまで及ぶ。分業化・専門化が進展すると生産効率や技術の洗練度は向上するが、社会全体としての整合性やバランスに歪が生じる。各部門でベストを尽くしたとしても、全体の最適性が実現するとは限らないからである。また、個人的にも、「専門バカ」と呼ばれるようにその分野に特化してしまうと、限られた仕事や任務しかこなせず、総合的な判断や業務ができなくなる。

▲ ③同時化の原則

　画家が絵を描くように手作業で製品をつくる場合は、個人の都合にあわせて自分のペースで仕事をすることが可能である。しかし、フォードが開発したような流れ作業となると、いくつかに工程に分けて一つの製品をつくることになるため、多くの人数を必要とし、それぞれの作業が調和よく同時的に進まなけ

---

(1) フレデリック・ウィンズロー・テイラー（Frederick Winslow Taylor, 1856〜1915）。アメリカの技師、エンジニアで経営学者。科学的管理法の発案者で、現代においては「科学的管理法の父」と称されている。
(2) ヘンリー・フォード（Henry Ford, 1863〜1947）。アメリカの企業家で、自動車会社フォード・モーターの創設者。工業製品の製造における大量生産の方式を開発し、自動車を大衆に普及させるのに多大な貢献をした。

ればならない。ちょうど、数人でボートを漕ぐ場合、タイミングが合わないと前に進まないのと同じである。作業のタイミングを合わせるために人々は同時的に行動せねばならないので、時間は厳守されることになる。まさに「time is money」であって、時間を守ることが社会生活の作法の第一番目に挙がってしまう。

　近代社会における学校教育は、子ども達をこの同時化に順応させる役割を担っている。と同時に、知的な能力をある一定水準に引き上げるとともに考え方や好みまでを標準化している。これらは、大量生産システムの運用を効率的にするばかりではなく、生産された画一的で標準化された商品を求める顧客（需要者）をもつくり出している。

▲　④集中化の原則

　規模を拡大し、大規模な生産を行うのであるから、当然、小規模生産者は淘汰されてその数は限られたものになる。加えて、分業も進展してくるし、同じ製品を生産する生産者の数が少なくなり、特定の生産者に生産が集中することになる。つまり、市場の寡占化、独占化が進行するわけである。自動車、電化製品などの主だった工業生産が数社で生産されていることを見れば分かるだろう。また、市場のグローバル化が進む現代では、国境を越えた企業間の合併や提携によって国際的な寡占化が進んでいる。

▲　⑤極大化の原則

　市場でライバルに勝つためには価格を下げなければならない。価格を下げるためには生産費を下げなければならないので、規模を拡大しなければならない。絶えず規模を拡大して生産費の低下を求めなければ、淘汰されることになる。企業の規模を拡大するには投資資金が必要であり、そのためには利潤を上げなければならない。そして、資本の自己増殖が飽くことなく続き、利潤の極大化を図ることになる。

このように、企業が生き延びるには常に拡大意欲をもち続けることが必要となり、拡大が終わることは敗北を意味することになる。

▲ ⑥中央化の原則

激しい競争に打ち勝つために規模を拡大していくと、組織は巨大化していく。巨人化した組織を一つにまとめて効率的に運営しようとすると、その組織構造は必然的にピラミッド型のものになる。ピラミッド型の組織形態では、指揮・命令系統が整然としていて混乱がなく、巨大組織が一つの方向に向かって統一的に動くことになる。

このような組織では、各部署にそれぞれ明確な役割が与えられていて、業務の分業が体制化され、与えられた業務を効率よく実行することができる。しかし一方では、情報の伝達方向や指揮・命令系統が縦割りとなり、横とのつながりがないために方向転換や突発的な事態に対して臨機応変に対処することができない。

それぞれの部署は与えられた役割の範囲内については情報も権限もあるが、組織全体のこととなるとそれらを有しない。組織全体に関わる重要な情報と権限は上層部に集中され、下層部の部所は上層部の指示を待って行動することになる。すなわち、中央化が進むわけである。

この中央化傾向は、一つの組織内で終わることはなく、国全体あるいは世界全体に波及していく。巨大な企業組織は全国に支店を広げ、その本社を、通常その国の首都や主要な都市に置く。また、工業化が進展する道程においては道路や港湾、空港、水道、下水道などのインフラストラクチャー（社会資本）の整備が必要となり、それに基づいて政府の役割と機構が肥大化していく。その政府の組織（官僚組織）もピラミッド型であるため、主要な官庁の所在地は首都や主要な都市になる。したがって、国全体が中央化の様相をますます呈していくことになる。

3 市場経済、貨幣経済の発達

▲ 貨幣経済

　工場で生産された安価な日用品（商品）が出回ると、その土地に住む職人が手仕事でつくった商品が打撃を受け、経済の自給自足体制が崩れていくことになる。各家庭で生活に必要な品々をほとんど市場で調達するようになるが、それらの商品も地場でつくられたものでなく遠くの工場でつくられたものが多くなる。生産の場でなくなった各家々は消費の場に特化していき、家計を支える働き手は工場やオフィスなどに働きに行くことになる。すなわち、生活のためには市場に依存しなければならず、生活に必要なものを得るために貨幣を獲得しなければならなくなる。さらに、実物や賦役（労働）で税を徴収していた国家はその徴収を貨幣に一本化する。かくして、貨幣が経済において重要な役割を果たすことになる。

▲ 都市の発達

　人々は、生活様式の変化に伴って貨幣がなければ生活ができなくなる。貨幣を獲得するための機会を得るために、人々は産業の立地する都市に集まることになる。また、田舎から食料などの農産物を運び込んで都市で販売し、それによって得た貨幣で都市の工場で生産された商品を購入する。工場や商業施設は消費地に近い都市に設置されるわけだが、それがまた人口を都市に集中させることになる。
　貨幣経済の発達につれて都市での定住者が増加し、都市化が急速に進むことになる。さらに、中央化の原則によって首都や地域の中核都市が経済、政治、文化の中心となり、人口が一極に集中して過密・過疎を生み出すことになる。

4 経済の成長と循環

　経済の成長は単なる量的拡大ではない。常に、生産性の向上や新製品の開発を伴う。生産性を向上させるために規模が拡大され、また開発された新製品を生産するためには新しい生産設備が必要となる。すなわち、経済成長には資本の成長が伴うということである。

　資本の増加分は「投資」と呼ばれるが、この投資は経済成長の源であるとともに経済を撹乱する要因にもなる。何故なら、投資には生産能力（供給）を増加させると同時に需要を増加させるという二重性があり、それらの効果と時期が一致しないからである。

▲ 投資の二重性

　企業が増大すると見込んだ需要に対応するためには現在の生産設備では対応できず、生産設備を拡大しようとしたとする。企業が新たに発注した設備は、それを受注し生産する業者にとっては需要となる。設備を生産する業者は、この新たな需要に対応するために従業員の労働時間を延長したり、材料を新たに購入したりする。これらは、波及的に総需要を増加させることになる。

　この総需要増（ΔD）と追加的な投資需要増（ΔI）の関係は、投資乗数（k）を用いて、

　　　需要増（ΔD）＝投資乗数（k）×投資需要の増分（ΔI）

という式で表される。

　一方、生産能力（P）は、資本の生産性（σ）あるいは資本係数の逆数を用いると、

　　　生産能力の増加（ΔP）＝資本の生産性（σ）×投資（I）

となる。発注した設備が生産され、工場に設置されて生産設備が稼動可能になって初めて生産を増加することができる。

このように、投資は需要を創出すると同時に生産能力を高めるが、投資需要の発生とその効果が現れる時期とはずれることになる。しかも、需要増には投資の増分が関係し、生産能力の増加は投資の増分でなく絶対量である。この「ずれ」が需要と供給を均衡させるのを困難にし、経済を不安定にする要因となる。投資のもつこの効果は「投資の二重性」と呼ばれるが、生産の拡大に固定資本の投資を必要とする工場的生産方法では必然的なものである。

▲ 成長と循環

企業が生産能力を増加させた分だけ総需要が増加すれば経済は均衡する。すなわち、「$\Delta P = \Delta D$」であれば経営者はハッピーである。そのためには、「$\Delta I = \Delta P / k$」の投資需要の増加がなければならない。

しかし、そうなるという保証はなかなか得られない。何故なら、企業はちょうど需給が一致したなら、継続的な需要増が見込めない限り一般的には設備を増強しようとはしないからである。そうすると、次期の投資需要は設備の更新に必要なものに留まり、投資の増加は見込めなくなる。

ハッピーな状態が持続するには、投資需要は、需給を均衡させる関係「$k\Delta I = \Delta P = \sigma I$」から求められる「$\Delta I / I = \sigma / k$」の率（黄金経路）で増加し続けなければならない。そして、投資の増分がこれ以下であれば「$\Delta P > \Delta D$」となって、企業は供給の増加に見合った需要を見いだすことができず、売れ残り在庫を増加させることになる。そうなると、次期に投資をする意欲がなくなり、少なくとも投資需要が増加することはない。その結果、総需要が増加しないにも関わらず過剰生産能力を保ったままとなって経済は不況に突入する。

逆に、技術革新や新たな市場の開発によって企業の投資意欲が高く、「$\Delta I > \Delta P / k$」となるようであれば「$\Delta P < \Delta D$」となる。

企業は注文に応じることができなくなり、さらに供給能力を高めようと投資を増やすであろう。それがまた総需要を増加させ、経済はブームを迎えること

になる。このように、経済が好況を続けるためには、常に旺盛な投資意欲がなければならない。

ライバル社との競争に勝つためには、企業は生産効率を高めなければならないので常に投資を続けようとするが、競争による過剰な投資によって増加した供給能力はそれに見合うだけの需要を見いだせなくなる。結果として、資本主義的体制の下では、経済は企業の規模拡大競争から過剰生産状況になる。

▲ 豊富のなかの貧困

過剰生産がもとで不況になると、企業は利潤を最大にするために生産能力いっぱいまで生産を拡大することができないだけでなく、ときには現状の生産量に見合う需要もなく、生産を縮小しなければならないことになる。そうすると、それにあわせて従業員も解雇しなければならなくなる。失業者が増加すると社会全体の所得も減少し、それがまた消費需要を低下させるという悪循環が生じる。この悪循環は、大恐慌時（1930年代）のイギリスの炭鉱夫家族の会話において端的に表現されている。

　　子ども　お母さん、今日はどうして暖房が入らないの？
　　母　親　石炭を買うお金がないからよ。
　　子ども　どうしてお金がないの？
　　母　親　お父さんが失業したからよ。
　　子ども　なぜ、お父さんが失業したの？
　　母　親　石炭が採れすぎたからよ。

恒常的な過剰生産を解消し、「豊富のなかの貧困」を解決するには旺盛な需要を期待する。となると、消費者（家計）は常に消費意欲をあおるように仕向けられる。これには、企業ばかりでなく政府も加担することになる。民間企業の場合は設備が過剰になれば利潤が得られないため淘汰されるが、政府の過剰な公共投資は淘汰されることがない。その結果、財政赤字が膨らみ、インフレ

を発生させると同時に景気循環の発生原因ともなる。

　今日、大恐慌の悪夢のあと80年を経過しているが、当時に比べて政府が積極的に経済に干渉し、国際社会も協調して経済の悪化を食い止めようとしているが、デフレスパイラルの悪循環は依然として存在している。しかも、1930年代と比較すると、「豊富のなかの貧困」の意味が違ってきているように思える。1930年代の貧困は、生活に必要不可欠なものの不足であり豊富であった。現在の豊富は、むしろ人間生活に必要不可欠なものであるかどうか疑わしいものの豊富であり、それらの生産に資源が投入される結果、一部の人達に本当に人間生活に必要不可欠なものが不足するという貧困である。

　昨今、アフリカなどの諸国で食糧危機が発生したが、その原因は内乱など政情不安であるが、それだけでなく世界の貿易経済システムにもよる。例えば、コーヒーなどのように貿易される嗜好品の需要が増えて増産されることになると、山林が伐り開かれたり、今まで現地の人々の食料（トウモロコシなど）が植えられていた所がコーヒー園となってしまう。これによって、山林が減少すると旱魃（かんばつ）の原因にもなり、現地の人達が口にする食料が不足することになる。

　現在、日本経済もデフレで苦しんでいるが、売れないものは生活に必要でないものがほとんどと言える。また、食料にしてもカロリーの摂りすぎで肥満を気にしている人が多い。腹八分目にすれば健康にもよく、成人病も防止でき、医療費の負担も軽減されることになる。

▲ イノベーション（創造的破壊）は経済発展の原動力

　「経済成長」と「経済発展」は同義語のように使用されるが、前者は量的な拡大を意識したもので、GDPなどの集計的な指標で計測される。一方、経済発展は、質的、構造的な変化を含み、単一の集計値ではその様相は把握できない。そして実は、長期的には経済成長は経済発展なくしてはあり得ない。経済の質的変化や構造変化を伴わない単なる量的な拡大は、抽象理論では想定できても現実には起こり得ない。

　例えば、ある人が朝食にパン2枚、牛乳1杯、卵1個をとるとしよう。この

朝食メニューを2倍、3倍とることなどは、胃袋がそれに比例して拡大しない限りとうてい無理なことである。個人の住居にしても北京の故宮並みのものは不必要であり、自動車も10台、20台あっても邪魔になるだけである。

したがって経済は、新しい商品が開発されたり、今まで高価で一般消費者が購買できなかったものが新しい生産方法の開発によって安価で供給されることなどがない限り成長しない。資本主義的工業社会における過剰生産体質は、イノベーションがもたらす新投資によって活力を得て救済されてきた。

5 工業社会の文化

　工業的な生産方法が支配的になると、それがより効率的になるように、社会の経済的な局面は無論のこと生活の様式や考え方までが工業的な生産方法にとって都合のよい方向に向かう。大量生産によってつくり出された商品を消費者が気前よく購入するように、あらゆる手段が投じられる。ラジオ、新聞、テレビなどのマスメディアを通じて宣伝・広告が行われ、消費者の購買意欲をかきたてる。あたかも、「金を使わない人間が悪人のような取り扱いをされる」わけである。人々は、「エスキモーに冷蔵庫を売り、マサイ族に毛皮を売る」優秀なセールスマンのおかげで、不要なものまで買ってしまう。

　月賦販売、ローン、クレジットカードなどは、手元に現金を持たない消費者でも高価なものが購入できる仕組みである。このような仕組みが考え出されなかったら、どんなに優秀なセールスマンでもよい販売成績を上げることができないであろう。その一方で、消費者はローンやクレジットの支払いに追われることになる。アーサー・ミラー[3]の戯曲『セールスマンの死』（1949年）には、若い時にやり手であったセールスマンが年老いて解雇され、残ったローンの支払いに困るという皮肉が込められている。

---

(3)　アーサー・アッシャー・ミラー（Arthur Asher Miller, 1915～2005）。アメリカの劇作家。1944年、『幸運な男』でブロードウェーに進出。他に、『るつぼ』、『対価』などがある。

このように、消費者には浪費を進め合理的な判断力を放棄させるように仕向ける一方で、企業の従業員には１円でも無駄な支出をさせないよう徹底した合理性を求める。工業社会では、企業の従業員である時は合理的に、逆に消費者になった時は非合理的な浪費者として行動することが求められる。合理と非合理の共存に日々対峙するとなると、誰しも感情と精神の均衡を保つことが困難になる。

　分業と専門化が進むことで、各人は自分が関連する分野については熟知するようになるが、他の分野についてはブラックボックスになり、自らの専門以外のことはますます専門家に任せるようになる。職業上のことに留まらず、社会生活においてもこの傾向は助長された。例えば、健康のことは医者に任せ、子どもの教育についても学校に任せっきりとなる。

　職業上、専門家間の競争が激しくなると、自らの専門以外の知識や技術を獲得する労力と時間を割くことができなくなり、専門外の人達との交流といった機会も減少するようになる。その結果、全体的な見通しのある見識がもてなくなる。したがって、工業社会の文化は部分的には精緻で成熟したものになるが、その一方で、総合的な判断を必要とするものについては子どもっぽくて幼稚になる傾向がある。

　現実の世界は合理的に割り切れるものではなく、また課題に対する解決も前もって用意されたものではない。現実には、常に不確実な事態に対応しなければならず、マニュアル化した知識に頼ることはできない。事情に応じて融通無碍に臨機応変しなければならず、矛盾は矛盾として非合理性を了解する度量が必要である。専門化しすぎて、また分業体制に組み込まれて一つの歯車のようになると、視野狭窄になって度量を失う。

参考文献

・Bell, Daniel（1976）*The Cultural Contradictions of Capitalism,* Basic Book Inc.（林雄二

訳『資本主義の文化的矛盾』講談社、1976年)
- Galbraith, J.K.(1958)*The Affluent Society*, Houghton Mifflin.(鈴木哲太郎訳『ゆたかな社会』岩波書店、1960年)
- Miller, Arthur(1949)*Death of a Salesman*.(倉橋健訳『セールスマンの死』早川書房 2006年)
- Toffler, Alvin, *The Third Wave,* William Morrow & Company Inc., 1980(徳岡孝夫監訳『第三の波』中公文庫、1982年)
- 荒井政治・内田星美・鳥羽欽一郎編(1981a)『産業革命の展開――産業革命の世界①』有斐閣。
- 荒井政治・内田星美・鳥羽欽一郎編(1981b)『産業革命の技術――産業革命の世界②』有斐閣。
- 荒井政治・内田星美・鳥羽欽一郎編(1981c)『産業革命を生きた人々――産業革命の世界③』有斐閣。
- 武野秀樹・新谷正彦・駄田井正・細江守紀(2003)『経済学概論』勁草書房。
- 松石勝彦(2007)『『資本論』と産業革命』青木書店。

付　言

　産業革命の成立過程や性格については、荒井・内田・鳥羽編(1981a, b, c)の3部作並びに松石(2007)を参考にされたい。また、投資の二重性、投資乗数などはマクロ経済学の初歩的知識であるが、経済学になじみのない読者は武野・新谷・駄田井・細江(2003)を参照されたい。
　ガルブレイス(1958)は、1950年代アメリカがダントツの経済力を誇った背景と情勢についての古典的名著である。アメリカ人は、豊かであるにも関わらず不安と欲求をもつことを指摘している。ちなみに、日本語版での序文では以下のように述べられている。
「生産が欲望を充足するばかりでなく欲望を育成するものでもあるとすれば、生産の拡大は、経済的進歩や、とくに社会的進歩の満足な尺度ではないであろう。(中略)そしてもしこのことがアメリカのように最も富んだ諸国にとって真理であるとすれば、それは日本のようにより貧しい諸国についてもより小さな程度において妥当するであろう」
　アメリカ並みに豊かになった今日の日本にとってはどうであろうか。
　アーアー・ミラー(1949)は、ガルブレイスが分析したアメリカの豊かな消費社会を戯曲化したものである。

第2章
第3次産業の成長とエレクトロニクス革命

IT機器を装備した書斎。筆者撮影。

　自然は連続すると同時に、歴史も連続すると言われる。時代の変遷が見られても、前の時代は後の時代をつくる要因を抱えている。工業社会は製造業が中核となるが、その発達そのものがサービス業の発達を促し、ポスト工業社会を生み出すことになった。
　高度に発展した工業技術がエレクトロニクス技術を生み、通信・情報の分野を変革し、通信分野のみならず、金融をはじめ他のサービス産業の生産性をも飛躍的に上昇させることになった。

1 工業社会における第3次産業の成長

　歴史の変遷を見れば、前の時代と後の時代は必ずしも不連続ではなく、前の時代が後の時代を準備していることがある。「ペティー・クラークの法則」[1]と呼ばれるように、工業社会の発展は第3次産業の発展をもたらす（**表2-2**を参照）。

　第3次産業は、第1次産業（農林水産業）と第2次産業（製造業）以外の産業と定義されるが、第1次産業、第2次産業と比べて大きく異なるところは、「形のないもの」、「目で見ることができないもの」、「手で触れないもの」を生産していることである。経済学上、無形の財は「サービス（用役）」と呼ばれるが、社会が工業化するにつれてサービスの生産が拡大する。

　まず第一に、工業社会は自給自足的な伝統的社会から市場経済へと向かうことであるから、輸送、通信、流通関連のサービスを発展させる。

　第二に、大規模な設備を建設して大量生産を行うわけであるから、そのための資金調達が必要となる。投資のために低い資金の調達費用が求められるので、金融・証券市場が発展しなければならない。

　第三に、家計から生産の機能が消滅あるいは著しく減少し、もっぱら消費の単位となることで家族構成も大家族から核家族化することになる。また、都市へと人口も集中することになる。女性も外に出て働く機会が増え、家事の簡素化や家事を代替するサービスへの需要が高まる。

　第四に、生産工程に絶えず革新（イノベーション）が導入され、労働生産性が上昇する。この結果、社会全体からすれば、労働時間を短縮する余裕と、そうすべき客観的な条件が成立する。労働者の余暇が増大することになり、観光やレジャー、文化活動などが拡大する。

　第五に、企業は競争に勝ち抜くために生産や経営の技術向上を目指す。これは継続的な技術開発への要求であって、この部門が求める高等教育に対する需要を拡大する。

表2-1 産業分類（大分類）

第1次産業	第2次産業	第3次産業
農業 林業 漁業 ＊鉱業が第1次産業に分類されることがある。	鉱業 建設業 製造業 ＊電気・ガス・水道が第2次産業に分類されることがある。	電気・ガス・水道 運輸・通信業 卸売・小売業 金融・保険業 不動産産業 サービス業 公務　など

出典：筆者作成。

表2-2 主要先進国の産業構造の変遷

国	1950年			2004年		
	第1次	第2次	第3次	第1次	第2次	第3次
日　本	48.5	21.8	29.6	4.5	27.9	67.6
アメリカ	12.4	35.3	49.7	1.6	20.0	78.4
イギリス	5.1	47.5	47.0	1.3	21.5	77.2
ドイツ	23.2	42.2	32.4	2.3	29.9	67.8
フランス	27.2	35.0	36.6	4.1	23.7	72.2

出典：日本銀行國際局『国際比較統計』、総理府統計局『世界の統計』2006年。

　最後に、工業的生産方法が効率的であるためには、内部経済だけでなく外部経済の充実が欠かせない。すなわち、道路、港湾、空港、通信網など、インフラストラクチャー（社会資本）が整備されなければならない。これは、公共部門（政府など）への需要拡大につながる。

---

(1) ペティとクラークは、経済の発展に伴って、第1次産業から第2次産業、そして第3次産業へとそのウエイトが変わっていくということを主張した。ウィリアム・ペティ（William Petty, 1623～1687）は、イギリスに生まれの経済学者。初めて労働価値説を唱えたと言われ、古典派経済学の「統計学の始祖」とも言われている。一方、ロンドン生まれのコーリン・クラーク（Colin Clark, 1905～不明）は、経済発展と産業構造の変化について言及した。

2 生産性格差インフレーション

経済成長とインフレーション

「土地」、「資本」、「労働」は本源的な生産要素とされているが、経済が発展成長するにつれて、それら生産要素への需要が増大する。それらの生産要素に限度があれば、当然、稀少となってその価格が上昇する。そして、生産要素の価格上昇が製品価格に転嫁すると、一般的に物価は上昇することになる。すなわち、経済の発展成長は常にインフレーションを伴う傾向がある。

工業的生産方法は農業に比べて土地をあまり使用しないが、それでも都市化などで過密になれば土地の価格は上昇し、生産コストの上昇圧力となる。土地の不足は、道路や鉄道の建設によって、あるいは埋め立てなどによって造られた新たな土地を工場用地として利用することで補える。インフラ整備によって土地という生産要素の供給量を増加させることで、価格上昇の圧力を緩和することができる。

資本についても、供給量を増加させることである程度は価格上昇圧力を回避することができる。生産設備や機械は、そもそも生産できるものなので供給量に限度はない。それらの設備や機械を購入する資金、すなわち投資資金をいかにして安価なコスト（利子率）で調達できるかが問題となる。このことは、金融・証券市場が機能的であるかどうかに関わってくる。

労働力についてはどうであろうか。外国人や女性、あるいは退職者などこれまで労働市場に参加しなかった人達を引き込むことで多少調節できるが、短期的には供給量の増加はかなり困難である。したがって、経済成長によって雇用が拡大して人手不足になると賃金が上がることなり、この賃金コストの上昇が価格に転嫁されると物価の騰貴になる。しかし、この場合、労働の供給量が増加しなくても、イノベーションによって生産性が向上すれば価格の上昇を食い止めることができる。

高度成長期（1960年代）の生産性格差インフレーション

　工場での生産が技術革新によって生産効率を高めて工場の出荷価格が低下したとしても、流通過程が非効率的であれば消費者へは安い価格で届けることができない。また、理髪、パーマ、クリーニング、飲食などのサービスの生産性が向上しないと、質の高いサービスを低廉な価格で消費者に提供することはできない。

　日本の高度成長期からほぼ一貫して、モノを生産する製造業の分野では著しい生産性の向上が見られた。しかし、それに対して、流通・サービス分野の生産性は遅れをとっている。この結果がいわゆる生産性格差インフレーションを引き起こし、消費者物価の上昇となって現れた。国内企業物価（卸売物価）は工場を出荷する時の価格であり、消費者物価は消費者が購入する価格である。したがって、消費者物価には工場から消費者に渡るまでにかかる流通経費が含まれる。また、サービスの価格も含まれることになる（**図2－1**を参照）。

　図2－2は、1950年から1999年までの国内企業物価指数と消費者物価指数の推移を表したものである。この図を見れば分かるように、高度経済成長期に入った1960年代から国内企業物価指数の上昇に比べて消費者物価指数が大きく上

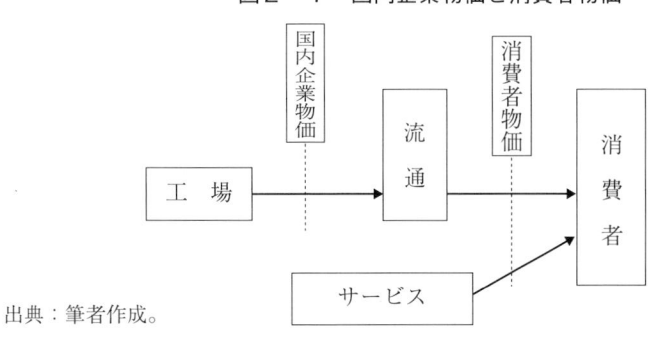

図2－1　国内企業物価と消費者物価

出典：筆者作成。

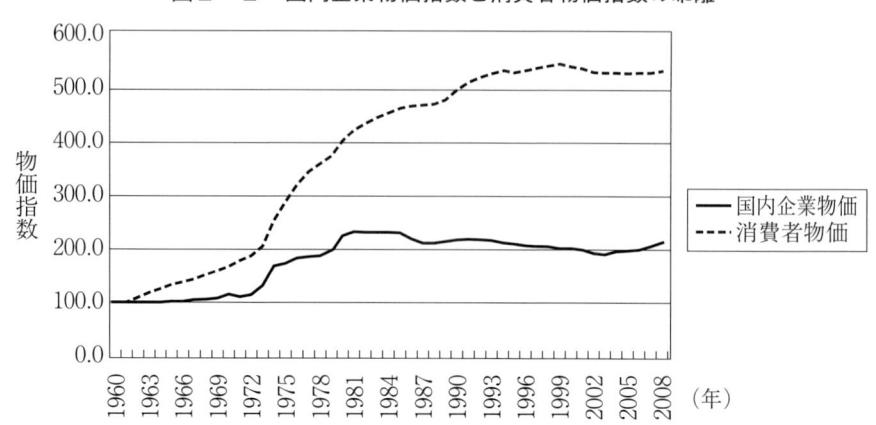

図2－2　国内企業物価指数と消費者物価指数の乖離

出典：内閣府・政策統括官室『日本経済2009-2010』日経印刷株式会社、2010年。

昇している。生産性の格差が価格上昇の差として現れる関係は、次のように説明できる。

　価格（P）は、平均生産費〈フルコスト〉（C）に、一定の利潤率〈マージン率〉（r）を上乗せしてつけられた（フルコスト原理）とすると、以下の式のようになる。

$$P = C(1+r)$$

また、総生産費（C）は、以下のように分けて考えられる。

$$総生産費（C）＝人件費（W）＋その他の費用（U）$$

言うまでもなく、人件費は賃金率（w）に労働投入（雇用）（N）をかけたものであるため、次の式となる。

$$W = wN$$

総生産量を（X）とし平均費用を（c）とすると、次の二つの式が考えられる。

$$C = cX = wN + U \quad あるいは \quad c = w \cdot \frac{N}{X} + \frac{U}{X}$$

ところで、「総生産量÷労働投入 = 労働者一人当たりの生産量 = 労働の生産性」であるので、人件費以外の費用（U）に変化がないとすれば、「平均生産費の上昇率 = 賃金の上昇率 − 労働の生産性上昇率」となる。

以上により、マージン率（r）に変化がないとすれば、「価格上昇率 = 平均生産費の上昇率 = 賃金上昇率 − 労働生産性上昇率」の関係が得られる。したがって、賃金が上昇しても、それに対応して労働生産性が上昇すれば価格は上昇しない。

高度経済成長期は好景気が続き、人手不足になって賃金が上昇した。その結果、労働生産性が上昇しなかった分野の価格は著しく上昇したのである。

経済が拡大し、雇用需要が増大して賃金が上昇する状況では、労働生産性の上昇がなければインフレを招くことになる。したがって、インフレなき成長を目指すとすれば、常にイノベーション（技術革新）による労働生産性の上昇がなければならない。

高度経済成長をもたらし、日本を世界第2位の経済大国にのし上げたのは製造業の先端性である。それに比べて、第3次産業の流通・サービス部門は低かった。表2−3がそのことを示している。それでここに、流通、サービス部門の技術革新として、特にエレクトロニクス技術の発展に期待がかかったのである。

表2−3　主要国における製造業とサービス産業の労働生産性上昇率の比較

労働生産性上昇率（1995〜2003）

	製造業	サービス産業
アメリカ	3.3%	2.3%
イギリス	2.0%	1.3%
ドイツ	1.7%	0.9%
日本	4.1%	0.8%

出典：OECD, Compendium of Productivity Indicator 2005より文部科学省作成。

3 エレクトロニクス革命とサービス産業の生産性

▲ エレクトロニクス革命の進展

　1970年代、コンピュータと言えばIBM社のメインフレーム（汎用大型コンピュータ）が主流で、数億円とも数十億円とも言われる高価なものであった。したがって、このようなメインフレームは大企業にしか導入できなかった。もちろん、当時は企業の重要な中枢機能としての役割を果たすメインフレームは、本社・本店のビルに据えられることになった。

　1980年代に入ると、エレクトロニクス革命による高性能なマイクロプロセッサ（MPU）が登場し、コンピュータのダウンサイジング化が始まった。急速なMPUの機能向上と低価格化が一層進むと、大企業・中小企業を問わず経営の効率化（事務処理の効率化）を図るために、デスクトップ型コンピュータやワードプロセッサーの積極的な導入が進められた。それでも、パーソナル・コンピュータ（PC）の本格的な普及には、1990年代にIBM社がPCの開発競争へ本格的に参入するまで待たなければならなかった。

　1990年代までの企業における重要な情報管理は、やはりIBM社のメインフレームが中心であった。しかし、IBM社が1990年代初頭からPC開発競争へ本格的に参入したことによってIBM-PCが登場し、その後、IBM互換機であるDOS-Vマシーンが普及したり、国内ではNECのPC9800シリーズが企業や家庭に入り込み始めると、情報処理のあり方に変化が現れてきた。従来の情報システムは、メインフレームを中心とした集中型の階層構造から「オープン型」、「分散型」の構造へと変化した。

　とはいえ、1990年代に入ってもパソコンは個人にとってはまだまだ高価な買い物であった。筆者は、NECのノート型パソコンPC-98シリーズ（カラー）を55万円位で購入した経験がある。この頃のOSも、まだマイクロソフト社のMS-DOS（Basic言語）によるコマンド入力による操作ではなかったろうか。

しかしその一方で、会社設立当初から現在に至るまでコンピュータ業界で最も勢いのあるアップル社が、すでにGUI（Graphical User Interface）を採用した独自仕様のOSを自社のMACコンピュータに使用していた。その後、1990年代の初頭には、読者のみなさんもご承知の通り、OS、ウィンドウズ3.0や3.1が登場することとなる。

　エレクトロニクス（特にLSI：大規模集積回路）の絶えざる技術革新と、コンピュータのダウンサイジング化と高性能化、さらには情報・通信技術の飛躍的発展と両者の結合が第3次産業の高コスト体質を効率的な企業体質へと転換させていった。特に、ウィンドウズ95とインターネットの登場は今日の経済・社会へ重要な技術インフラを提供し、大きなインパクトを与えた[1]。

▲ 輸送部門の革新

　エレクトロニクスの絶えざる技術革新によるコンピュータの高性能化と情報・通信技術の飛躍的発展、そしてその両者の結合は、当時、日本の輸送部門の代表であった国鉄（日本国有鉄道、現在のJR）にとってはまさに渡りに船であった。それまでの高コスト体質による赤字経営からの脱却と利用者へのサービス向上を掲げて、積極的にコンピュータの導入を図った。

　それまで国鉄は、運賃の度重なる値上げをしても赤字経営の体質から脱却することができなかった。しかし、新幹線の「みどりの窓口」の登場を一つの契機として変わっていった。1960年代まで東海道新幹線や特急列車などの指定券や寝台券は列車ごとの台帳で管理され、空席照会や予約に際しては、窓口から台帳を保有する駅や統括する乗車券センターへ電話をして確認していた。この方式では指定券の発行に1〜2時間ほどかかることがあり、同一座席の重複販売（ダブルブッキング）をしてしまうということもあった[2]。

　しかし、コンピュータ導入後はそのようなこともなくなり、利用者の自宅から「みどりの窓口」へ電話一本するだけで、空席照会や指定券の予約が可能と

---

(1) http://www.mext.go.jp/b_menu/hakusho/html/hpaa200801/08060518/017.htm
(2) http://ja.wikipedia.org/wiki/みどりの窓口

なり、利用者の利便性を高めることができた。しかし、ご存知の通り、その後も赤字体質は脱却できず、民営化によってJRに移行し現在に至っている。

▲ 通信部門の革新

　通信部門はどうであろうか。NTTがまだ「電電公社」であった時代には、通話者を電話で結ぶには、公社の電話交換機と交換手を媒介する手作業が主流であった。しかし、コンピュータと通信技術の結合による自動交換システムが開発されると、それまでの交換機や交換手を介さない直接的な通話方式に変わった。また、送信も光ファイバーが利用されるようになったことで大量の情報が送信されるようになり、コンピュータと結び付いて音声だけでなく文字や画像が送信されるようになった。携帯電話も普及し、この部門の革新は予想をはるかに超えて進んだ。

▲ 金融部門の革新

　金融部門の革新について見てみよう。CD（キャッシュディスペンサー）やATMの設置とオンライン化がその顕著な例であろう。
　それまで、同一銀行の本店－支店間での個人の預貯金の預け入れ・引き出しは、銀行が発行した通帳と本人確認のための印鑑を必要とした。しかし、CDやATMの設置によって、同一銀行が発行した預金通帳か銀行カードがあれば、自由に預貯金の払い戻しや振り込みができるようになった。店頭窓口での待ち時間がなくなり、利用者の利便性は飛躍的に高まった。
　さらに、オンラインシステムへの積極的な投資と開発は、企業に向けたサービスの提供や、同一銀行の本店－支店間のオンライン化（イントラバンクネットワーク）のみならず、金融の自由化という国際環境の変化とも相まって、為替網やATM網を構築するために異なった銀行間でも決済ができる「オンライン化（インターバンクネットワーク）」へと発展していった。

▲ 流通部門の革新

　わが国のかつての流通部門は、零細店と大型店、そして伝統的な経営形態と近代的な経営形態とに二極分化し、卸売部門が大きな役割を果たすことにその特徴があった。その原因は、著しく細分化された小売商業構造に起因している。特に、小売部門が小規模・零細化していることで必然的に卸売業との結び付きを深め、卸売業が多段階性になる一因ともなった。それは、小売業の労働集約型の事業経営が、流通部門の低生産性、非効率性の要因ではないかと言われた所以でもある。さらに、小売部門の小規模・零細化の要因としては、当時の社会的状況において、過剰労働力人口の吸収という側面があったことも忘れてはならない。

　しかし、工業化社会において登場した市場を寡占する製造企業は、大量生産・大量消費型の経済システムに適合した効率的な流通システムを志向していた。セルフサービス、大量仕入・大量販売、そして全国的なチェーン展開を行って効率的な販売手法をとる大型店の登場が待たれたわけである。

　しかし、このような近代的な経営形態も、商品の大量販売という量的拡大には貢献したが、経済の成熟化に伴う消費者ニーズの個性化・多様化、そして急速な経済の国際化・情報化の進展に伴う変化には、従来の大型店では対応ができなくなった。新たな業態の必要が迫られ、コンビニエンス・ストア（以下、コンビニ）が登場した。

　特に、コンビニにおいては、高性能なコンピュータと情報・通信技術（電話回線）の結合によるPOSを導入することで経済の成熟化に伴う消費者ニーズの個性化や多様化に迅速に対応ができ、小売流通部門のより効率的で革新的な経営手法の構築に役立った。

　この頃から、従来の高圧的なマーケティング手法がだんだんと陰りを見せ始めるようになった。消費者はすでに個性のない画一的な商品を購入するよりも、次第に心の癒しや思いを求めるようになっていったのである。現在、消費者のニーズがどこにあるのか、企業に見えなくなってきている。

　POSシステムとは「Point of Saleシステム」の略で、「販売時点情報管理シス

進化するコンビニ（筆者撮影）

テム」と呼ばれ[3]、小売店舗で商品が売れるたびに販売情報を単品ごとに収集する仕組みのことである。そのPOSの活用の仕方も、それまでの売れ筋分析や適正な在庫管理に留まらず、消費者ニーズの把握や消費者の購買行動分析といった方向へと進んでいる。

　特に、経済の成熟化に伴って家計の支出も商品購入よりもサービス支出にそのウエイトが移っていくなかにおいては、消費者の生活支援の観点からコンビニ店頭での公共料金（電気・ガスなど）の取り扱いやコンサートチケットの販売といった消費者サービスに起点を置いた戦略が展開され始めた。そうしなければ売上増が望めない環境にあっては、ライバル企業との市場競争に勝てないのである。

▲ サービス生産性の今後

　今後の流通部門やサービス部門における生産性の上昇は、経済のグローバリゼーションの進展、少子高齢化社会の到来による生産労働力人口の低下、企業の売り上げや個人の所得の伸びの鈍化、女性の積極的な社会進出など経済的・社会的要因の急速な変化を背景に、エレクトロニクス革命の一層の進展と企業

のさらなる経営革新に依存しなければ生産性の上昇は期待できないのではないかという疑念が生じる。

　市場におけるコンピュータと情報・通信技術の結合によるインターネットの出現と市場におけるその活用は、次のような現象をもたらすことになる。

❶生産と消費の間の、情報の時間的・空間的隔たりを埋めた。例えば、グローバル企業が海外進出したので、市場での自社工場の生産・部品の調達状況、海外市場での販売状況などを国内本社が瞬時に把握することが可能であるし、国内でも、「B to B（企業間電子商取引）」や「B to C（企業消費者間電子商取引）」といったバーチャル空間での商取引も活発に行われている。

　また、大手流通企業もサプライチェーンシステムを構築し、商社を介さない海外市場からの商品や原材料の直接調達を行っている。あるアパレル産業は、新商品のデザインを海外デザイナーに依頼し、できあがったデザインをアジアの工場に送り、そのデザインに基づいて製品の生産を行い、完成した製品を日本市場や海外の進出先市場で販売している。

❷離島や僻地の患者と都市の総合病院とを結んで、患者の病状や診察にあたるといったサービス受給者と供給者を直接結ぶ遠隔医療であるとか、通信衛星やインターネットを介して、地方の受験生と東京にある大手受験予備校の先生による授業や受験指導といった教育サービスの提供などを行うといった場面でインターネットの恩恵を受けている。

❸音声、文字、写真、動画といった情報のデジタル化は、情報の収集・編集、加工、情報の受発信を容易にし、都合のよい時に何度でも再生できる豊富なデジタルコンテンツを大量に市場に送り出している。

❹固定電話に代わって携帯電話が急速に普及して、場所や時間を気にせずにメ

---

(3) 小川修司編著（1984）によれば、POS導入のメリットは、単に店頭におけるチェックアウトの正確化、迅速化、省力化といったハードメリットだけではない。むしろその最大のメリットは、収集した各種情報をコンピュータで処理・加工し、販売、仕入、配送などの各部門が有効に利用できるような情報管理体制を確立することによって、受発注の迅速化、在庫管理の適正化、出荷配送の合理化に貢献すること、すなわちソフトメリットにある（178ページ）、としている。

ールや通話が可能となり、コミュニケーションのあり方を根本から変えてしまった。

このように見てくると、エレクトロニクス革命はあらゆる経済部門での生産性の上昇や利便性に寄与し、また社会に大きなインパクトを与えたと言える。

また、2009年からアップル社が高性能コンピュータ「Macbook Pro」や薄型で携帯可能な「Air mac」を投入し、2010年に入ってからは、高機能携帯電話「iPhone」や電子書籍が読めるタブレット型コンピュータ「iPad」を日本市場へ投入したことなどは、①直感的な操作性（タッチパネル方式）、②ユーザーフレンドリー（親和性）、③ソフト開発への多くの企業や個人の参加、④デザイン（かっこよさ）、楽しくて役に立つアプリケーションの豊富さ、といった理由から、現在日本の若者に圧倒的な支持を受け、ホビー用としてだけでなく大学の講義などにも活用されている。

さらに、医療機関での医療機器の管理や患者のレントゲン写真の疾患部分を「iPad」に鮮明かつ詳細に映し出して治療に役立てたり、インターンの教材提供に使用されたりしている。その他、観光地での道案内に使用されるなど、様々な分野への導入も検討され始めている。

これまでの市場における過度な分業に基づく財やサービスの生産や流通、そして消費の不透明な「顔の見えない」経済の仕組みが、エレクトロニクス革命によって、生産、流通そして消費の統合によって（完全にではないにせよ）透明で「顔の見える」新たな経済の仕組みとして構築されつつある。もちろん、インターネットが完璧で万全ではない。コンピュータを制御不可能にするウィルスや悪意に満ちたハッカーなどは、情報デジタル化社会の安全性や信頼性の問題を揺るがしかねない。

エレクトロニクス革命に基づくコンピュータと情報・通信技術の結合によるインターネットの登場は、今後、安全性や信頼性といったセキュリティ面が強化されていくことで、「流通の暗黒大陸」や人的資源に頼らざるを得なかった労働集約型のサービス部門に新たな光をあてることになった。

とはいえ、医療、介護、福祉、子育て、教育といった地域のニーズは、地域

によって異なるのが当然のはずである。それを平等に供給するというのは、工業化社会における画一的な財やサービスの供給と同じで、無駄や浪費につながることにほかならない。率直に言えば、公共サービスの供給主体である政府が憲法や公務員法で縛られて自由な行動ができない側面も理解できるが、そうであるなら、公務員法を改正してでも、文字通り「公僕」としての役割を果たす時期に来ていると言える。

　また、医療、介護、福祉、子育て、教育といったニーズは、営利を目的にした組織によってサービスが提供されると不都合が生じる可能性が大である。例えば、不必要な診察や医療行為、あるいは患者への過剰な薬の投与を行って利益を上げようとする民間の医療機関といった類である。このような事情から、ボランティアやNPOが誕生しているという背景がある。ボランティアやNPOの詳細は第7章に譲るとして、市場では採算に合わないが、地域で必要とされる小さなニーズを満たそうとする社会的組織の必要性がここにある。それらについて、以下の章で説明していきたい。

参考文献

・H・ラウマー著／鈴本式監訳（1986）『流通システムの日独比較』九州大学出版会。
・小川修司編著（1984）『80年代の流通ビジョン』（財）流通システム開発センター。
・岸本光永著（1993）『ダウンサイジング』日本経済新聞社。

付　言

　この章で触れなかったが、財・サービスの生産性向上の観点から言えば、近年、認知された感のある「地産地消」こそ最も効率的な経済の仕組みではではなかろうか。つまり、過度な分業に基づく時間や空間を浪費しての財・サービスの「生産」、「流通」、「消費」といった形態から、時間や空間に制約はあるものの、地域という限られた空間のなかで「生産」、「流通」、「消費」を済ませる経済の仕組みこそ生産性向上に期待でき、さらにインターネットを介在させることで、環境に余分な負荷をかけずに必要とされる生産と消費を可能とし、生産者と消費者の間に「顔の見える」経済関係の仕組みづくりが可能となる。

第3章
ポスト工業社会の特色と産業構造

久留米大学病院。教育・福祉・医療は地域の生活をサポートする産業であるが、同時に先端的産業にもなり、地域への経済的効果も大きい。写真提供：久留米大学広報室

　ポスト工業社会では、第３次産業が圧倒的なシェアを占めている。したがって、この第３次産業の内容を詳しく分析することが、その特色と今後の展開を予見するうえにおいて欠かすことができない。ここでは、第３次産業をさらに三つに分類して考えることにする。

1 ポスト工業社会の特色

　これまで、工業社会の成立過程とその特色、そして工業社会がもたらす経済成長・発展が第3次産業を発達させることについて見てきた。その意味では、工業社会がその一部を自ら否定することになるポスト工業社会を作り出すことになった。

　目に見えず形のないサービスの生産が主体になるポスト工業社会は、工業社会とは性格の違ったものになる。ポスト工業社会の特色およびポスト工業社会では文化が何故重要な役割を果たすことになったのかについて、本章で見ていくことにする。

　ポスト工業社会については、前述したように様々な論者がいるが、フランケル（Boris Frankel）は、著書『The Post Industrial Utopians』（1987年）で次のような特色を挙げている。

❶サービス産業・ソフト産業の増大
❷コンピュータに主導されるオートメーション
❸自然および再生可能エネルギー源の利用
❹分散的・小規模な企業
❺共同的・非官僚的機構・多様な社会的経済的機構
❻文化的修練
❼prosumer（プロシュマー）、生産と消費の一致、自給自足的側面の重視と職住の一致
❽経済の優位性の崩壊

　この八つは、ほぼポスト工業社会の特色を網羅していると考えられるが、これに「ボーダーレス化」と「グローバル化」を加えなければならないだろう。

ボーダーレス化とグローバル化

近代になって、グローバル化は表3－1のように三つのレベルで推移してきた。

レベル1は、国家の国際化である。例えば、日本は明治以後、江戸時代の鎖国状況から開国することになるが、交易や渡航は制限されたもので、国家が管理した国際化で国境（ボーダー）はしっかりと守られていた。ほとんどの企業は国内の市場に主眼を置くが、海外の需要に対応する場合も輸出に限られ、生産拠点を海外に置くことは例外的なものであった。

レベル2になると、企業は積極的に生産拠点を外国にも置くようになった。海外への直接投資が盛んになり、マクロ経済政策は限定的な効果しかもたなくなった。例えば、産業の空洞化が進めば総需要を刺激する政策を実行しても輸入増加につながり、国内の景気向上に役立たないかもしれない。また、投資を誘発するために低金利政策を行っても資金は国内投資に回らず、海外の直接投資に回ることになるかもしれない。

レベル3になると、個人や地域（ローカル）が直接外国の個人や地域とつながり、国家と関わりなく国際化する。このことは、善きにつけ悪しきにつけ、外国からの衝撃が国境でガードされることなく個人や地域に直接的に降りかかることになる。つまり、外国からの衝撃を緩和するという国家が果たしてきた役割を地域が担わなければならなくなった。ボーダーレス化は、国家の影を薄くして地域の色を濃くし、「グローカル（グローバル＋ローカル）」という造語が現実的なものになってきている。

上述した八つの特色について、章を追いながら順次考察していくことにするが、本章では、サービス産業とソフト産業の増大について考えることにする。

表3－1　国際化の三つのレベル

レベル	特　色
レベル　1	国家（国民国家）・政治の国際化
レベル　2	企業・財界の国際化・多国籍化
レベル　3（グローカル）	個人・民間、地域（ローカル）の国際化

出典：筆者作成。

2 サービス・ソフト産業の増大と第3次産業の細分類

　工業の発達が第3次産業を発展させる過程についてはすでに述べた。したがって、重複を避けてそのことについては再述しないことにする。ここでまず問題としたいのは、第3次産業が圧倒的な割合を占めるに至った現在、産業分類、特に大分類を従来のように三つに分類するだけで事が足りるのかということである。

　第1次産業は自然から収穫を得る農林水産業であり、第2次産業は人間が加工し人工物をつくり出す製造業である。そして、第3次産業は第1次産業、第2次産業以外のものであると定義されている。

　第1次産業と第2次産業が目に見え形のあるものを生産しているのに対し、第3次産業は、目に見えないもの、形のないものといったサービスを提供している。したがって、この三分類は一応の合理性をもっていると考えられるが、第3次産業が肥大化し、しかも目に見えないからと言っても、エネルギーの生産や輸送、通信、公的サービス、レジャーなど極めて雑多なものまでが含まれている。肥大化したサービス・ソフト産業の内容を検討し、それの意義あるいは今後の発展の方向性を見るには、ある基準に基づいて再分類する必要がある。

　分類の基準にはいろいろあるように思えるが、フートとハット（Foot, N.N. & Hatt, P.K.）の『*Social Mobility and Economic Advancement*』（1953年）による次のような分類が、一応合理性をもつように思える。

　　第3次産業——家事サービスおよびこれに準ずるもの。レストラン、ホテル、理髪、美容、洗濯、工芸品の修理・補修など。
　　第4次産業——分業を可能にして効果的にするもの。輸送、商業、通信、行政など。
　　第5次産業——人間の能力の洗練と強化に関するもの。これと第3次産業との相違は、慣習的な方法で提供をするものとそうでないもの、

表3-2 第3次産業の細分類

(就業者数:千人)

2001年 産業	実数	%	2004年 産業	実数	%
第3次産業	6,348	16.0	第3次産業	5,169	14.1
飲食	4,293	10.8	一般飲食	2,783	7.6
洗濯・理容・浴場	1,231	3.1	洗濯・理容・浴場	1,217	3.3
			その他・生活関連サービス	402	1.1
旅館・その他	824	2.1	宿泊	767	2.1
第4次産業	22,573	56.8	第4次産業	22,029	60.0
電気・ガス・水道等	324	0.8	電気・ガス・水道等	192	0.5
運輸・通信	3,756	9.4	運輸	2,840	7.7
			通信	186	0.5
卸売業	4,311	10.8	卸・小売業	12,235	33.3
小売業	9,004	22.6			
金融・保険	1,657	4.2	金融・保険	1,437	3.9
不動産	922	2.3	不動産	976	2.7
物品賃貸料	292	0.7	物品賃貸料	271	0.7
			総合サービス業	730	2.0
廃棄物処理	276	0.7	廃棄物処理	203	0.6
			自動車整備業	334	0.9
			機械等修理業	250	0.7
広告業	154	0.4	広告業	140	0.4
公務・その他	1,877	4.7	その他事業サービス	2,235	6.1
第5次産業	10,848	27.3	第5次産業	9,492	25.9
娯楽業	982	2.5	娯楽業	863	2.4
医療業	3,138	7.9	医療業	2,764	7.5
放送業	67	0.2	放送業	63	0.2
情報サービス・調査	869	2.2	情報サービス	872	2.4
			インターネット随時サービス	24	0.1
			映像・音声・文字情報	254	0.7
専門サービス	1,833	4.6	専門サービス	1,160	3.2
教育	2,227	5.6	教育	1,398	3.8
			学術研究機関	193	0.5
社会保険・福祉	1,227	3.1	社会保険・福祉	1,398	3.8
政治・経済・文化団体	229	0.6	政治・経済・文化団体	234	0.6
宗教	276	0.7	宗教	269	0.7
			遊興飲食店	1,270	3.5
			その他サービス	19	0.1
合計	39,769	100.0	合計	36,690	100.0

出典:総理府『日本統計年鑑』平成18年版のデータに基づき筆者が作成。

常にイノベーティブなサービスとそうでないものとにある。
医療、教育、研究、レクレーション、芸術活動。

　現実に、これらがどうなっているのかを分類してみたのが前ページに掲載した**表３−２**である。今のところ、公的統計ではこのような分類が行われていないので、この分類は筆者の考え方に基づいている。

3　第５次産業

　今後、成長が期待されるのが第５次産業である。経済の成長が生活の満足に結び付かないことが指摘されるが、第５次産業の発達がこのことを解消してくれると思われる。人々の活動がより創造的なものに向かうことによって、満足度が高まると考えられる。人々は健康に関心をもち、また高齢社会の到来で医療・福祉への需要が高まる。

　日産自動車が「モノよりも思い出」というキャッチコピーを出してきたように、確実に人々の満足志向は、物的なものから精神的・文化的へと移ってきている。また、人々のより質の高い生活を求めるライフスタイルを表すロハス（LOHAS, Lifestyles of Health and Sustainability）が商品やビジネスと関係づけられてきている。

　このような状況にあっては、新しく分類した第３次産業と第５次産業に関して、どちらに分類していいのかが難しい業種が増加するものと思われる。例えば、学生食堂や社内食堂、それに居酒屋、焼鳥屋はおおむね第３次産業と言えるが、料亭や高級レストランは第５次産業に含まれる。

　何故なら、学生食堂や社内食堂などは主として空腹を満たすために利用されるが、料亭や高級レストランは単に空腹を満たすだけでなく、創造的な試みや文化的・美的な要素や心配りのもてなしなどの「しつらい」によってより高い満足を得ようと思って利用するからである。したがって、求められるサービス

にも質的相違があることになる。

　同様のことは、ビジネスホテルとリゾートホテルについても言えるだろうし、美容室についても、カリスマ美容師のいるところは第5次産業に含めてもよいかもしれない。

　今後、第3次産業が第5次産業化していく傾向がある。そして、この第5次産業は地域の先端産業として位置づけられるものである。

4　第6次産業

　第5次産業的要素が重要になるのは経済全体のことだけではない。消費者の嗜好が高級化するにつれて、物づくりにおいても、機能性だけでなく芸術性だとか美的センスやデザイン性が求められる。したがって、一つの企業のなかでも第5次産業的な業務を行う部門が重要性を増してくる。このようなことを考えると、企業を産業分類する時、どの産業に振り分けるか、そしてまた、一つの企業活動を業務内容に応じて分割して分類するかなどについて悩まなければならなくなる。このような背景もあって生まれてきたのが「第6次産業」という言葉（フレーズ）である。

　第6次産業とは、一つの企業や組織で、第1次産業、第2次産業、第3次産業の性格をもっているものである。第6次と呼ぶ理由は、「1＋2＋3＝6」であるからだ。

▲　一村一品運動と第6次産業——1.5次産業から第6次産業へ

　大分県日田市大山町は平成の大合併で日田市に含まれることになったが、それまでは単独の自治体であって、「一村一品運動」の元祖と言われている所である。

　40年ほど前に、「梅、栗植えてハワイに行こう」をキャッチフレーズに、米

と畜産中心の従来型の中山間地農業を脱皮し、梅と栗を植えて、その一次産品を加工して販売することを手がけた。この試みは大成功し、実際、大山町の半数の人達がハワイに出掛けている。これは、新しい農業と農村のあり方を提示したと言える。

当時の大分県知事であった平松守彦氏は、この方法を県内に広めようとして「一村一品運動」を1979年に開始した。この方法の革新的なところは、食料や原材料の生産のみを行っていた農村や農山村が加工を行うことによって付加価値を生み出し、農山村を豊かにしようとするものである。「一村一品運動」は大分県ばかりでなく日本全国や海外まで注目を浴び、One Village One Product Campaign（OVOPC）として世界中に知られるようになった。

このように全国に注目され、各地で実践されるようになった「一村一品運動」であるが、成功している場合だけでなく、かなりの所では不成功に終わっている。それが理由で、この運動のことを「一損一貧運動」という陰口も聞かれる。

成功か失敗の分かれ道は、加工で終わってしまうのか、それとも流通まで手がけて消費者の嗜好や動向、ニーズまで把握したのかにある。例えば、ダイコンがよく採れるのでこれを加工して何かをつくろうというところまではアイデアが浮かびやすく、地域で実現することも困難ではない。特に、初期投資に行政から補助金が支払われる場合は、ニーズを考えずに加工品をつくってしまうことが多い。しかし、これではせっかくつくった加工品が売れなくて失敗するということになりかねない。加工してから販路を探すのでは手遅れである。加工する段階で販路を獲得していかなくてはならない。

このようなケースで成功するには、1.5次産業（第1次産業＋第2次産業の間）で終わらず、流通まで視野に入れた第1次産業（農林水産業）＋第2次産業（加工）＋第3次産業（流通）の第6次産業でなくてはならない。

現在、大山町は「梅酒」に力を入れている。大手のウイスキーメーカーと提携して質の高い製品を開発し、東京のデパートで直接販売するだけでなく海外の市場も開拓している。

大山町のひびきの郷（株式会社おおやま夢工房）。一村一品運動発祥の地の精神が息づく。ニッカウヰスキーと共同開発した梅酒を、首都圏や海外に売り出している。写真提供：おおやま夢工房

▲ 第1次産業＋第5次産業の第6次産業——グリーン・ツーリズム

　グリーン・ツーリズムは、農山村のもつ自然、文化を観光資源として都市から人を呼び込もうとするもので、ヨーロッパを起源とし、「アグリ・ツーリズム（agri tourism）」、「ルーラル・ツーリズム（rural tourism）」とも呼ばれる。言うなれば、第1次産業（農林業）と第5次産業（観光）を結び付けた第6次産業である。日本では、農林水産省が1990年代の初めから農山村の振興政策として位置づけて普及に努めている。また中国においても、グリーン・ツーリズムは「農家楽」と言われて一種のブームになっている。

　農業には教育的効果・医療効果もあるので、第5次産業的な性格を濃厚にもつ農業を活かすグリーン・ツーリズムに大きな期待ができる。

▲ 農山漁村と都市との交流

　日本全国で都市化が進み、田舎は過疎化になり、高齢化の波を受けて生活基

中国貴州省苗族の村。近年、中国でもグリーン・ツーリズム（農家楽）が盛んになった。特に、少数民族の村を訪問し、伝統的食事や芸能を体験するのが人気である。写真提供：王橋氏

盤が崩壊に至る限界集落が発生している。一村一品運動やグリーン・ツーリズムは、その対策として有効な手段である。そして、この手段がもたらす重要な効果は、都市と農山漁村との交流が生まれることである。限界集落を活性化するもう一つの方法は、都市と農山漁村に居住する二拠点居住者を獲得することである。

限界集落を崩壊に導く要因は、過疎化と少子高齢化である。一村一品運動やグリーン・ツーリズムによって過疎化の傾向を食い止めて、その経済的な基盤が確保されて都会に出ていく若者を引き留めることができたとしても、少子高齢化が理由で若者自体が少なくなってしまっていては人口の自然減は止まらず、集落は崩壊していく。都会からのUターンやIターンに期待するところであるが、リスクが高く、希望する者がそう多くはないと思われる。

その点、都会に仕事と生活の拠点は置き、週末や長期休暇の時は田舎で暮らすという二拠点居住は、UターンやIターンに比べてリスクが少ないために田舎に魅力を感じる人は実行しやすい。問題となるのは、田舎での過ごし方で、別荘感覚で暮らすのか、それとも土地の人と交流しながらその土地に溶け込む

形で過ごすのかである。もちろん、後者が望ましいわけだが、そのためには受け入れ側のほうで様々な方策を講じなければならない。

とはいえ、このような都市と田舎の交流は、特に流域単位で行われると相互のメリットが大きい。ある川の流域とは分水嶺で囲まれた地域で、そこに降った雨がその川に流れ込む地域である。通常、源流は山岳地帯にあるので上流部は山間地で過疎化し限界集落も少なくない。そして中・下流は都市が発達している。その意味では、日本全体の過密過疎の縮図になっている。

上流の水源林が荒廃すると下流域に流れる川の水量が減り、水質も悪化する。上流域の過疎化が進み、水源林が保全されなくなると下流域の水資源が枯渇してくる。下流域の人々が上流域の過疎化を食い止めて上流の自然環境保全に尽力することは、下流域の利益にもなる。この面からも、都市と田舎の交流は大きな意義をもつ。

都市部の１％の人が二拠点居住を実施すれば、多くの限界集落は救われる。流域における上流と下流の交流を通じて、このプログラムが進むことを期待したい。

5　地域の自立と産業構造

▲ 産業構造の歴史的モデル──飯沼和正[1]モデル

革新（イノベーション）なくして経済成長はあり得ないので、先端産業とはこの創造的破壊を狙っているものだと言えよう。歴史の舞台で新しい分野を切り開くのは量的に少ない。一方、社会的需要を量的に支える部分は需要も技術も安定していて集団の単位も大きく、集団数も多くなると考えられる。したが

---

[1] （1932～　）大学卒業後朝日新聞社に入社。その後、科学ジャーナリストとして独立。著書に『模倣から創造へ』（東洋経済新報社）、『あるかないのか日本人の創造性』（講談社）、『高橋譲吉の生涯』（共著、朝日新聞社）などがある。

図3−1　正規分布曲線で考えた動態的社会組織の分類

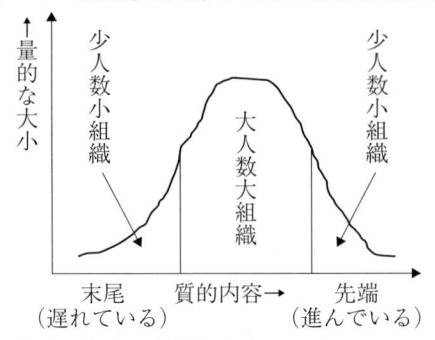

（縦軸：量的な大小／横軸：質的内容→）
末尾（遅れている）　　先端（進んでいる）
少人数小組織　　大人数大組織　　少人数小組織

出典：駄田井（1999）102ページ。

図3−2　社会と先端産業の変遷の関係

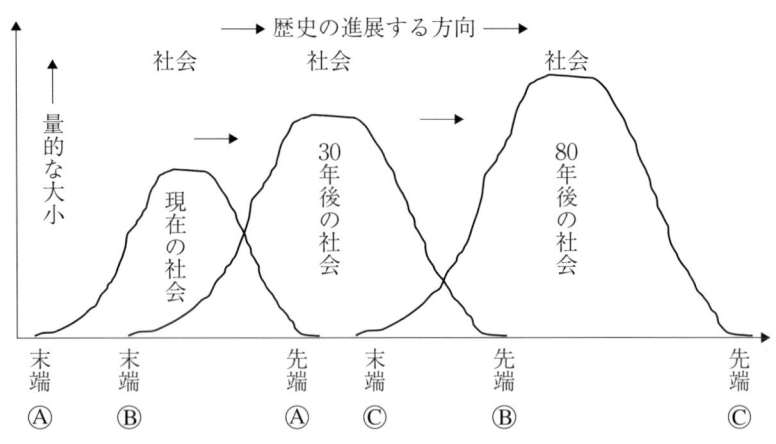

→歴史の進展する方向→
現在の社会　　30年後の社会　　80年後の社会
末端Ⓐ　末端Ⓑ　先端Ⓐ　末端Ⓒ　先端Ⓑ　先端Ⓒ

出典：図3−1に同じ。

って、大企業は量的に社会を支えているが必ずしも先端産業とは言えない。

　量的なものと先端性という関係でとらえた場合、それらの分布は正規分布型のようになっている。それについて飯沼氏は、**図3−1**に見られるような関係を示している。しかも、先端的産業は固定的でなく、社会の変遷とともに変化するものとして**図3−2**のような関係を示している。

　現在、先端を行っている産業は量的には少ないが、ほぼ30年後には中心的なものになり、ほぼ80年後には滅びる運命になる。先端的な小組織の創造活動セ

クターがその地域に相応しいだけ存在し、活動している地域の将来は明るい。しかし、その先端的なものも先端でなくなる時が来るので、常に先端部分がリニューアルできない地域はやがて衰退することになる。

地域自立の産業構造——糸乗貞喜[2]モデル

　歴史的で時系列的な産業構造の変化を地域的なクロスセクションに置き換えると、先導する組織と地域社会を量的に支える組織に生活を支える集団や個人があると考えるのが現実的である。それで、糸乗氏は地域の発展性を考えるうえで以下の三つの分類を提案している。

❶地域基幹型産業
❷地域サポート型産業
❸地域づくり先導型産業

　地域基幹型産業はその地域の経済を支える産業であり、その地域の地理的・歴史的条件によって異なる。例えば、農業であったり、漁業であったり、製造業であったりするわけである。地域サポート型産業はその地域の生活を支える産業で、小売業、理容、クリーニング、交通、通信、教育、医療などの第3次産業が主となる。住民がいる限りはこの産業に対する一定の需要が必ずあるが、一定の住民がいなければ採算ベースに乗らない。

　地域基幹型産業と地域サポート型産業があれば、住民は所得を稼げて生活に必要なものとサービスが調達でき、その地域で生活が可能となる。しかし、地域経済を支える地域の基幹産業がこの先もずっと地域経済を支え続けるかどうかは分からない。産業には栄枯盛衰があり、かつて石炭で栄えた地域が今苦しんでいるように、現在は隆盛であっても将来はどうなるかは分からない。

　地域経済が持続するためには、将来の基幹産業となるべき産業が既に芽生え

---

[2] （1936〜）大学卒業後、（財）繊維経済研究所、（株）九州地域計画研究所、（株）よかネット代表取締役を経て、現在、協同組合地域づくり九州代表理事。主要論文に、「個族化社会におけるネットワーク形成」（総合研究開発機構助成研究）などがある。

図3－3　地域サポート産業の第5次産業化

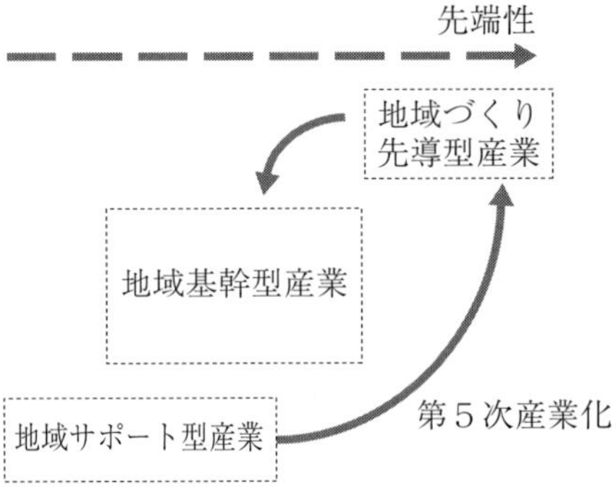

```
- - - - - - - - - - - - - - - - → 先端性
                    ┌──────────┐
                    │ 地域づくり │
                 ↙  │ 先導型産業 │
        ┌──────────┐└──────────┘
        │ 地域基幹型産業 │     ↑
        └──────────┘     │
   ┌──────────┐          │
   │ 地域サポート型産業 │   第5次産業化
   └──────────┘
```

出典：筆者作成。

ていなければならない。それが、地域づくり先導型産業である。地域先導型産業は、その性格からして小組織の創造型企業で構成されていて、これらが多くあって活発に活動している地域は将来が明るい。

　それでは、この地域づくり先導型産業としてどのようなものが考えられるだろうか。ポスト工業社会という特色から考えると、新しく分類した第5次産業が地域づくり先導型産業として期待できる。人間の能力の洗練と強化に関わるこの産業には教育、医療、福祉などが含まれ、地域サポート型産業でもある。その意味で、常に地域で一定の顧客を確保でき、かつ地域を先導するということで二重の意味において地域に貢献する。

　地域にある商店街の衰退が叫ばれて久しい。もともと地域の基幹型産業を担うというよりは地域住民の生活をサポートしていた商店街が、現在ではそのサポートの役割も果たさなくなったということである。小売機能は、現在、郊外の大型店舗や通信販売・宅配などに移ってきている。しかし、商店街は交通の利便性、特に公共交通機関の利便性、商店の集積、アーケードなど都市の中心市街地として機能するインフラを備えている。したがって、商店街を活性化させるためには、従来の第3次産業・第4次産業の担い手ではなく、第5次産業の担い手として生まれ変わることが必要となる（**図3－3参照**）。

　都市の中心市街地は第5次産業の集積地とならなければならず、住民や外来

者の交流の拠点にもならなければならい。地域住民の生活を最も高度に洗練された形でサポートすることが、そこの住民にとっては、住みよいばかりでなく地域を先導する産業になるのである。

▲ コンパクト都市への回帰

　日本全国で、昔からある商店街が大変な苦境に陥り、「シャッター街」という異名がまかり通るようになっている。この原因は郊外に大型ショッピングセンターができたからとされているが、それはむしろ、原因というよりは結果と言ったほうがよいであろう。最大の原因は、郊外に住宅団地が建設されたり、モーターリゼーションが進んで中心市街地に人が住まなくなって空洞化したことによる。すなわち、都市がスプロール（拡散）したことによる。したがって、商店街が活性化するにはまず人が中心市街地に集まってくるように総合的な施策を講じなくてはならない。従来型の商店街の魅力だけで人を集めようとしても無理である。

　もう一度中心市街地に人を集めるには、スプロール化した都市をコンパクトな都市へと回帰する必要がある。都市がコンパクト化することは、環境面から考えても望ましい。そして、道路などのインフラ投資も抑制できるので財政面から見ても望ましい。それに何より、高齢化社会に向かって自動車に乗れなくても困らない地域づくりが必要で、その面からも望まれる。

　中心市街地に人が戻ってくれば、ビジネスの新しい展開を模索することができる。従来の中心市街地は、商店街や公的機関のオフィスなどいわば第4次産業が主軸であったが、今後は教育、医療、福祉、レジャー、観光などの第5次産業が中心にならなければならない。

　日田市豆田町の商店街は、江戸時代後期の町並みを復元して観光資源としたことから賑わいを取り戻した。文化的遺産を観光資源として地域づくりに活かした事例は各地で見られる。

　佐世保市の「ハウステンボス（Huis Ten Bosch）」はオランダをモデルにして街を人工的に造り、町並み自体の魅力で集客することを目指したテーマパーク

地域の「文化力」を軸に昔の町並みを復元し、賑わいを取り戻した大分県日田市豆田町。写真提供：筑後川まるごと博物館

ハウステンボスにおける「ガーデニング・ワールドカップ2010ナガサキ」のイベントを楽しむ入場者たち。写真提供：宮本秀生氏

である。バブルの崩壊後、経営面では苦境に陥ったが、近年少しはもち直してきたようである。

　テーマパークであるハウステンボスの創始者の意図は、本当の森（Ten Bosch）の都市にすることであった。そうであるならば、今後ハウステンボスは、

観光面だけでなく教育、医療、福祉など他の第5次産業を導入するべきである。事実、2010年からは、佐世保アメリカ軍基地に住む軍人家族の協力を得て、ハウステンボスに来訪したお客さんに生きた英語に接してもらうという試みを導入している。教育サービスに着目した面白い発想である。さらに病院を誘致し、近年着目されている「医療ツーリズム」などを展開すればよいと思う。何と言っても、近代医療はオランダから輸入されたものである。

　ところで、ハウステンボスの町並みを魅力付ける最大のポイントは、自動車を抑制し、人が楽しく歩けたり、自転車に乗ったり、道端に花を飾ったりしていることである。一般の都市でも、自動車の進入を抑制することができたら、ハウステンボス並の街並みに近づくことも難しいことではないだろう。ストラスブルグなどヨーロッパでは、このような街づくりで実績をあげている所が少なくない。成長の著しい中国の代表的な都市「上海」でも、歩行者天国は大変な賑わいを見せている。歩いて楽しい街にすることが、衰退した中心市街地を活性化することになる。

2km以上にわたる上海の歩行者天国は、連日賑わっている。写真提供：朱蕙氏

参考文献

- Foot, N.N.& Hatt, P.K.（1953）"Social Mobility and Economic Advancement," *American Economic Review*, 1953（may）, pp364-383.
- Frankel B.（1987）*The Post Industrial Utopians,* Polity Press.
- 浅羽良昌（2002）『サービス大国への挑戦——斜陽製造王国のゆくえ』ミネルヴァ書房。
- 佐々木雅幸（1977）『創造都市の経済学』勁草書房。
- 鈴木謙介（2007）『〈反転〉するグローバリゼーション』NTT出版。
- 新藤栄一・豊田隆・鈴木宣弘編（2007）『農が拓く東アジア共同体』日本経済評論社。
- 駄田井正編著（1999）『九州独立も夢ではない——ポスト近代の国づくり』同文館出版。
- 駄田井正・西川芳昭編著（2003）『グリーン・ツーリズム——文化経済学からのアプローチ』創成社。
- 松永年生（1989）『種をまき夢を追う——矢幡治美聞書書』西日本新聞社。

付　言

　現在のグローバリゼーションの特色とこれへの対応について包括的に述べているものとして、鈴木（2007）を挙げておく。日田市大山町の一村一品運動の経緯については、松永（1989）に詳しい。グリーン・ツーリズムについては近年多くの著書があるが、文化経済学との関係から駄田井・西川（2003）を挙げておく。また、新藤・豊田・鈴木（2007）は、東アジア共同体に関して、農業問題がどうなるかに関心を寄せたものである。この問題の解決には農民のグローバルなネットワークが必要であり、その点に関してグリーン・ツーリズムが寄与するものと見られる。飯沼・糸乗モデルについては、駄田井（1999）の96～106ページを見られたい。

　浅羽（2002）は、日本のサービス産業を発展させる重要性をアメリカのサービス産業との比較で明らかにしたものである。

　佐々木（1977）によれば、創造都市とは「科学や芸術における創造性に富み、同時に技術革新に富んだ産業を備えた都市」（11ページ）で、ここで言う第5次産業が充実した都市であると言えよう。ただ、第5次産業が重要なのは都市だけでなく、過疎地の活性化にも必要である。

第4章
ポスト工業社会の技術的特性と組織

町の真ん中に設置し、しかも隣接して「道の駅」とレストランとがある。行列ができるほど人気がある。写真提供：大木町役場

　エレクトロニクス革命がもたらした技術上の最大の変革は小型化であり、集中化から分散化へと方向を転じた。
　この技術の性格変化は、組織のあり方にも変化をもたらしている。まず、技術の問題について考え、それから組織の形態変化について考えることにする。組織の形態も、ピラミッド型からネットワーク型へと転換が迫られている。

1 技術の特性

　エレクトロニクス革命は、技術の性格を産業革命からの巨大化・集中化傾向から小型化・分散化へと変換させた。機械や設備、あるいは生産される製品は、重厚長大から軽薄短小へと変化した。これらのことについて事例を挙げて、以下で見ていくことにする。

▲ コンピュータ

　エレクトロニクス革命の影響を最も受けたのは、コンピュータであると言ってよいだろう。真空管からトランジスター、そして集積回路の開発と相次ぐ技術革新によって様々なものが小型になり、かつ価格が低廉になっていったが、コンピュータほど創造的な変化を遂げたものはない。
　今日のように、誰もが個人的にコンピュータを持っている状況などは30年前には想像することもできなかった。おそらく、現在10万円以下で手に入れることができるPCと同じ能力をもつコンピュータは、30年前では2億円以上していたように思える。入力もパンチカードであって、端末からではなかった。コンピュータも大きな部屋に設置され、集中管理されていたのである。

▲ 通信

　通信技術の発達も目ざましい。40年前までは、電話すら各家庭に一台と言えるほどは普及していなかった。電話の普及を促進した技術が同軸回線であり、1本の電話回線から同時に何本かの通話を送ることが可能になった。そして、自動交換システムが開発され、手作業交換から自動化され、交換手の手を煩わされることなく電話の取り次ぎが行われるようになった。このことは、通信の能率と費用を格段に下げることになった。また、通信の方法がアナログ形式か

らデジタル形式になり、その効率が著しく向上した。

　現在は、電話は携帯電話の時代であり、1人1台を所有し、音声だけでなく文字や映像までを送ることが可能になっている。このようなことも40年前ではSFの世界での話であって、実現するとは誰もが思っていなかった。

　決定的なことは、コンピュータの技術と通信技術が結合することによってインターネット通信が開発・普及したことである。これによって、通信革命が情報革命へと発展した。

▲ 発電

　電気についても、効率のよい小型の発電機が開発され、出力がそう大きくなくても低費用での発電が可能になった。少なくとも、自家消費する分ぐらいであれば充分採算が取れる段階に来ていると言えよう。また、太陽光、風力、水力などの自然エネルギーを利用することを総合して考えると、発電所から送電する場合にかかる費用などとの関連で分散化が進む方向にあり、やがて高圧の送電線などは無用になる可能性がある。

　また、自家発電の場合は、発電で発生する熱を暖房や給湯に使うこと（コージェネレーション）でエネルギー効率を上げることができる。

▲ 下水・上水処理

　下水処理についても、合併浄化槽が開発されて、小規模なものでも自然の河川に放流することができるほど能力が高いものとなっている。大規模な下水処理場を建設するのには、費用もさることながら、用地の確保といった問題が多い。また、下水道を設置する費用は莫大であり、汚水を下水道管を通すことで河川の水質はよくなるが、その分、河川の水量は減ることになる。河川の水量減は生態環境にとっては問題となる。よって、合併浄化処理による分散処理は、下水の発生源で処理できるだけでなく、集中処理をすることで発生する様々な問題をも解決してくれる。

上水についても同様で、フィルターを使用した小型の浄化装置は精度が高く、技術的にはほぼ問題がない。普及するかどうかは費用の問題である。この点に関して、水道管の配管費用と維持費用を考えれば、自然の河川や地下水脈を利用して、末端のところで浄化して使用するほうが効率的な場合がある。都市部でなく、住居などが分散的に点在する郊外の場合は特にそうである。

▲ ゴミ処理

ゴミは、一般的には家庭や事業所から収集し、焼却や埋め立てなどで処理しているわけだが、費用や環境負荷などにおいて問題となっている。しかし、近年はゴミを分別し、できるだけリサイクルするように努めている。特に、生ゴミと可燃性ゴミの分別することで、前者は堆肥化、後者は発電などの燃料源として使う試みがなされている。

生ゴミの処理については、中規模の処理機（100軒ぐらいの家庭生ゴミの処理）を使用すれば分散的に処理が可能となり、収集が不要となる。可燃性のゴミも圧縮すれば小さくまとめることができるため、収集の回数を減らすことができる。さらに、圧縮機をスーパーやコンビニに置いて買い物ついでに投入してもらえば、各家庭へ収集に回る必要もなくなる。

ゴミの分散処理を共同体で行えば、収集・焼却・埋め立てをしなくてもすむようになる。

▲ 交通

鉄道、船舶、大型飛行機などは、人やモノを大量に一度に運ぶ交通手段であるが、それに対して自動車は、小量、小人数を個別的な事情に応じて運ぶことができる。モータリゼーションは分散的な交通体系システムである。よって、自動車の使用は小型化・分散化技術のほうに分類されるが、必ずしもポスト工業社会を特徴できるものとは言えない。その理由を以下で説明しよう。

第一に、自動車産業は工業化を代表する産業であり、自動車産業があるかど

うかでその国の工業技術の度合いが測られる。

　第二に、自動車で自由に行きたい所に迅速に行くためには道路網の整備をすることが不可欠であり、そのことが土木建設業の重要性を高めることになる。

　第三に、自動車によるモータリゼーションの進行は、人口の都心からの拡散化（スプロール現象）をもたらし、都心の中心地を空洞化させる原因となる。都市の中心地が空洞化すればコミュニティを崩壊させることになり、都市のコミュニティが培ってきた諸文化・資本（例えば、伝統的な祭り、風習、伝統的な都市景観）などが継承されなくなる。

　第四に、ポスト工業社会は工業社会のあとに到来する社会であり、当然、工業社会がもたらした弊害や副作用を克服する必要に迫られる。環境の破壊は工業化のもたらした弊害の最たるもので、自動車の使用は環境を悪化させる大きな要因の一つである。

　激しく行き交う自動車に道路が占領され、大気汚染と騒音が支配する都市空間は、住空間としては好ましい所ではない。これが都市の昼間人口と夜間人口との差を大きくし、通勤や商用のために時間と費用を費やすことになった。このような反省に立って、都市の魅力を高めるために、「トランジット・モール」や「パーク・アンド・ライド」によって都市の中心地への自動車の乗り入れを抑制する努力が試みられている。

　トラム（市電）、鉄道、バスなどの公共交通機関と自動車（マイカー）を連携させることが渋滞を緩和し、都市空間を蘇生させることになるわけだが、考え方によっては、これが自動車の有効利用であるとも言える。

　また、自動車を個人の所有とせずに共有することで、一層効率的に使用することが可能となる。自動車と公共交通機関の連携ならびに自動車の共有（カー・シェアリング）などに、IT技術を使用した情報管理システムが大きな役割を果たしている。

2 組織の問題

　技術が大型化し、大規模になればなるほど効率的になる場合、それに対応して組織も大きくならざるを得なくなる。多数の人々が関わる組織をまとめるには、規律が明確で役割もはっきりしていなければならないし、指揮命令系列も統一していなければならない。このような条件を満たす組織の形態は、言うまでもなくピラミッド型になる（**図4－1**参照）。

　ピラミッド型では構成員は階層的になっていて、構成員のつながりは横ではなく縦になっており、上層から送られる情報は一つの系列に限定されている。これによって、指揮命令系列が明確になって錯綜することなく、組織の運行を乱すことはない。

　また、末端の構成員からの情報は各階層に集約されながら上層部に伝わるために、総合的に情報が集まることになる。それによって、中央での集中管理を効率的に行うことができ、多数の構成員があたかも一つの意思をもつように統一的な組織行動が可能となる。

　このように、ピラミッド型組織は、組織の行動方針・方向性が確定すれば組織全体が一丸となって行動するので大きな効力をもつことになる。しかし、状況の変化に応じるために方針・方向を転換するとなると、中央の最上層の転換意向が末端にまで行きわたるのに時間がかかるという弊害がある。しかも、仲

図4－1　ピラミッド（階層）型組織

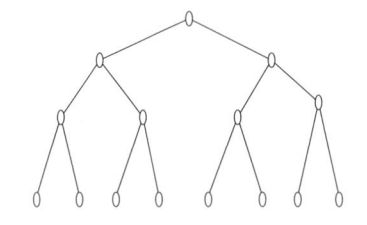

図4－2　ピラミッド組織の欠陥

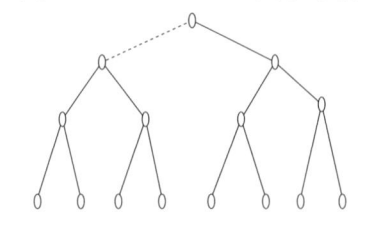

出典：筆者作成。

出典：筆者作成。

介される機会が多いために末端まで正確に伝わらない可能性がある。

　逆に、末端のほうで組織全体のあり方に影響する重要な情報が得られたとしても、それが最上層まで伝わるのにはやはり時間がかかることになる。さらに、同じく仲介されながら上層へと伝わるので、末端で得られた情報が曲解されることもあるし、仲介時点で握りつぶされることもあり得る。その結果、重大な誤りが生じる可能性もある。

　ピラミッド型の組織では、それぞれの構成員の権限が限定されていて、かつ機能も分担されている。したがって、末端の構成員が、状況によってはどうしても既定の方針にそぐわない行動をしなければならない場合も上層部の指令を仰がねばならず、時間を要することになる。この時間の遅れは、組織に決定的な打撃を与えることもある。

　官僚機構の先進国である中国に面白い話が伝わっている。

　ある王国のことであるが、王が庭で昼寝をしていた時、風を引いてはいけないと庭番が気をきかして毛布をかけた。ところが、この行為が問題になった。なされた処置は、王の身の周りの世話をする役目の人が職務怠慢で罰せられた。これは当然としても、庭番も越権行為で罰せられたというのだ。なんとなく、官僚機構のようなピラミッド組織の性格をよく表した話である。

　ピラミッド型の組織では、全体が一糸乱れることなく統一的で効率的に運営ができるように構成員の役割と権限が規定されている。このことは、組織運営のある面における効率性に大きく寄与しているが、他方では、一部の構成員が何らかの理由で与えられた役割を果たせなくなると全体が機能不全になるという恐れももつ。

　図4－2はそのことを示している。ピラミッド型の組織では情報伝達のルートが一つしかないので、そのルートが詰まれば情報が充分伝わらず、組織分断が起こって統一した行動がとれなくなる。すなわち、この組織では、状況が安定している場合は効力を発揮するが、状況が目まぐるしく変化している場合や不測の事態が発生した場合など、即時に判断を下して行動しなければならない場合には有効に機能しない。

　マンガの『釣りバカ日誌』（やまさき十三作、北見けんいち画）は、釣りキ

チの平社員と社長が釣りの師弟関係になって、大企業の階層的な組織の裏側を皮肉ったものである。階層組織の弱点がうまく描かれているところが人気の秘密であろう。

3 ネットワーク型組織

▲ ネットワークの有効性

　技術の小型化・分散化が果たされた結果、機械も小型で効率のよいものができることになった。これは、生産設備も大規模にすることが必ずしも有利ではないということを意味する。このことを明示すると**図4－3**のようになる。

　従来の大規模化が有利な場合は、小企業Aと大企業Bの比較で説明できる。小規模のAの場合、生産量がx_1の時は大規模なBよりも平均生産費は低い。しかし、Bが大量に生産した場合、例えば、x_2の生産量の場合は、その平均生産費がぐっと低くなる。Bがこの戦略をとることで、Aを市場から追い出すことができる。

図4－3　技術の小型・分散化とネットワーク

出典：筆者作成。

図4-4　需要が変動的な場合

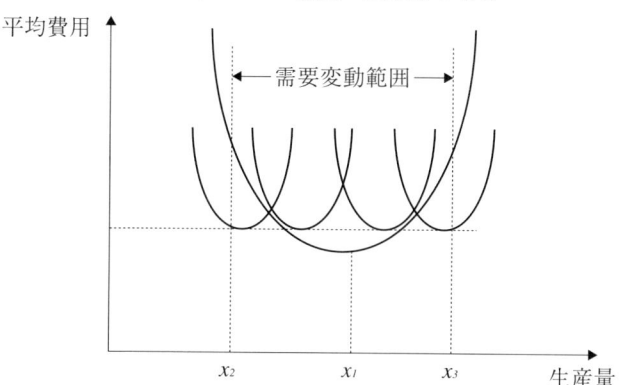

出典：筆者作成。

　そこで、技術の小型化によって効率化が可能になったことで、平均生産費を表す線がAのようなものからCの方向へと変化したとしよう。Cが生産量を x_1 に保つ限り、Bの平均生産費よりも低い平均費用で生産することができるため市場から追い出されることはない。逆に、規模がCのような企業が複数連携して、x_1 ずつ生産して合計 x_2 の生産量を確保すれば大企業Bを市場から追放することが可能となる。

　図4-4に見られるように、需要が x_1 の範囲内で安定している場合は、それに合わせた設備は効率がよい。しかし、需要が x_2 から x_3 のように変動する場合は、小規模の設備のネットワークが効率的である。これはちょうど、建物の空調設備を考えた時、常に全館を空調するのなら集中型がよいが、使用される部屋と使用されない部屋が変動的であれば分散型の空調にしたほうがよいのと同じである。

　小さな組織では、構成員が少ないために意思の疎通が図られる。無理にピラミッド型の組織にする必要はなく、スポーツクラブのチームのような組織形態でよく、それらは「ネットワーク型」と呼ばれる組織になるだろう。

▲ ネットワーク型組織の展開

　ネットワーク型の組織では、構成員同士が横に自由自在につながっている。上下の階層がないので、意思の決定は構成員が自律的に行わなければならない。企業の場合、いくら小さな場合であっても組織内ではこのようなことにはならないだろうが、組織体同士の連携やボランティアの組織ではこのような形態になる（**図4－4参照**）。

　小規模な生産者が、材料や部品などを供給してくれる同様の小規模な生産者と連携することや、異業種であっても、新しい市場を開拓するためには交流・連携することが必要である。同業種間であっても、情報の交換などによって過剰競争にならないよう差別化を工夫し、棲み分けて共存を図ることができる。研究開発においても、小規模な企業が単独で行うことは難しく、共同での開発も必要となる。

　「東大阪宇宙開発協働組合（SOHLA）」は東大阪市の中小企業の連携組織で、「中小企業の技術力で人工衛星を打ち上げよう」と立ち上がり、2009年1月23日、種子島の宇宙センターから人工衛星「まいど1号」を打ち上げた。これなどもネットワークの有効性を示すものである。

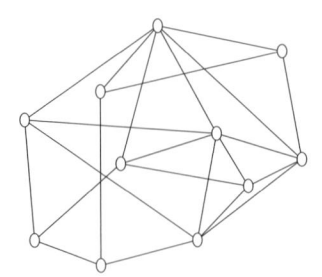

図4－4　ネットワーク型組織　　図4－5　ネットワーク型組織の柔軟性

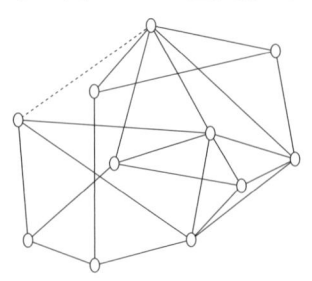

出典：筆者作成。

地球を回る「まいど1号」。写真提供：SOHLA

▲ スピードの経済性

　ネットワーク型の組織形態では、その性質からして、それぞれの構成員が自立していて自律的に意思決定を行う。横のつながりであって、情報ルートも複数あって網の目のようにめぐらされている。

　ネットワークの構成員が自立と自律性を確保しており、ネットワークからの離脱も自由であるため全体の意思統一は容易でないが、統一する必要性もあまりない。構成員に情報さえ行きわたっておれば、「この指とまれ式」に同意する人達を集めることができる。したがって、ある計画（プロジェクト）を思いついた構成員は、その計画をネットワークの構成員に発表し、同意する者を集め、実行可能な段階になれば実行すればよい。その計画がよいものであれば次々と賛同者が加わることとなり、計画が不適当なものであれば賛同者が集まらず中止に至るであろう。

　このように、ネットワーク型では計画の発案から実施への時間が短く、また対応も状況に応じて変更がかなり自在である。変化が激しい状況では実行へのスピードが必要であり、遅れをとるということは機会を失するのに等しい。また、状況の変化に応じて計画を素早く修正しなければ失敗することになる。

それに、ネットワーク型では構成員相互を結ぶ情報ルートが複数あるので、一つのルートが切れても他のルートで情報が伝わるために機能不全に陥ることはない。これも、ピラミッド型との大きな相違である（**図4－5参照**）。

参考文献

・Toffler, Alvin & Heidi Toffler（1993）, *Alvin Toffler's War and Peace in the Post-modern Age.*（徳山二郎訳『アルビン・トフラーの戦争と平和』フジテレビ出版、1993年）
・今井賢一・金子郁容（1988）『ネットワーク組織論』岩波書店。
・遠田雄志（1997）『私、あいまい系です――"反常識"の経営学』同朋舎。
・辻正次・西脇隆（1996）『ネットワーク未来――新しい経済・経営の見方』日本評論社。

付　言

　Toffler & Toffler（1993）は、エレクトロニクス革命が戦争の形態と軍隊のあり方も大きく変化させることを論じたものである。国と国の正規軍が真っ向から戦うことがなくなり、軍隊は主にゲリラやテロに対処しなければならなくなった。このことと軍備のIT化によって、兵士一人ひとりが状況に応じて自発的な行動をとる必要と可能性が出てきて、典型的なピラミッド組織である軍隊もネットワーク型へと変身が迫られているようである。

第 5 章
環境と文化

朝倉三連水車。300年前に造られたものだが、今でも現役。写真提供：鍋田康成

　近年とみに、太陽光発電、風力発電、小水力発電などの自然エネルギーを利用した再生可能な資源の活用が注目されている。この章では、その背景とその活用についての方向性について述べる。そして、それには深く地域の文化的な特性が関わっていることを明らかにする。

1 自然との共生

環境と経済

　プロローグで述べたように、経済学の伝統からは、本源的な生産要素として「土地」、「労働」、「資本」が挙げられる。しかし、これに「技術」、「知識」、「情報」、「文化」と「自然環境」を加える必要がある。「情報社会」、「知識社会」などの用語が定着している今日では、28ページでガルブレイスに関して説明したように、本源的な生産要素としてこの四つを加えることについては異論がないだろう。

　自然環境については、それが崩壊すれば人間自体が存続できないので経済問題に優先される本源的に大事な要素である。人間の経済活動がまだそんなに大規模でない時には、経済活動が発生させる「廃棄物」、「汚染」、「廃熱」などのエントロピーは、自然環境が太陽からのエネルギー（負のエントロピー）を介して吸収してくれた。自然環境がもつこの能力の範囲内でさえあれば、人間が生産活動や経済活動を行う場合でもあまり自然環境に配慮する必要がなかったわけである。

　しかし、人間の経済活動が飛躍的に大規模になった現在では、自然のエントロピー浄化、吸収能力を超える状況になっている。よって、これ以上経済活動を拡張するのであれば自然を傷つけないように配慮しなければならない。自然環境におけるエントロピー吸収能力が低下すると、経済活動そのものを縮小せざるを得なくなる。言うなれば、自然環境が本源的な生産要素のなかで最も相対的に希少になった、すなわち生産の拡大規模を規定することになった。

　ところで、ガルブレイスは、社会の生産システムは経済の発展段階や社会の状況によって変遷するが、それがどの本源的な生産要素を相対的に希少にするかを決め、その相対的に希少になった本源的な生産要素を所有した者が社会を支配するエリートになると言っている。

表5−1　生産要素とエリートの性格（J.K. ガルブレイス）

希少な生産要素	社会経済体制	エリートの性格
労　働	奴隷社会	奴隷所有者
土　地	封建社会	封建領主
資　本	資本主義社会	資 本 家
技術・知識・情報	新しい産業社会 ポスト工業社会	テクノクラート
自然環境	ポスト経済社会	エリートの存在しない社会？

出典：筆者作成。

表5−2　環境保全型技術の特徴

国防・核開発・航空・宇宙	環境技術
経済的な可能性を考えることなく、技術的な可能性だけを追求する。	特定の環境問題を解決するための経済的にも実現可能な技術的解決。
技術開発の目標や方向は、特定の専門家グループによって進められる。	技術変化の方向は、政府、私企業、消費者集団を含む広い行動範囲によって影響される。
行政による中央管理。	多数の参加者(agent)による分権的管理。
中心となる参加者から外への普及は限定され、あまり奨励されない。	普及は中心的目的であり、奨励される。
少数の企業が参加し、抜本的（radical）な技術の開発が強調される。	多数の参加を認め、抜本的と同時に改良的（incremental）革新の両者をめざす。
補完的政策および他の目標との協力を必要としない自足的なプロジェクト（独裁的）。	補完的な政策は成功のために必要であり、他の目標との関連に注目する（民主的）。

出典：Kemp（1996, p.164, Table9.1）

　表5−1のなかで、「技術・知識・情報」まではガルブレイスの意見であるが、最後の「自然環境」は新たに付け加えたものである。
　自然環境は個人の所有物にならないので、環境を大事にするということになるとエリートの存在しない社会になるかもしれない。そのことは、技術の性格に現れる。環境改善技術の性格を、「国防・核開発・航空・宇宙」に関する技術と比較すると**表5−2**のようになる。

▲ 技術の性格

　自然環境を本源的な生産要素の一つであり、現在では最も希少なものであるとした時、その要素を破壊しないで、あるいは可能ならば充実させながら経済活動を続けることが必要となる。そのためには、それにふさわしい生産技術を使用しなければならないし、そのような技術に関連する産業を振興するべきである、ということになる。

　図5−1は、そのような技術とはどのような性格をもつかを明らかにするために、技術の性格を分類したものである。

　横軸に経済力を、縦軸に自然環境をとり、原点を境に右に行けば経済力が充実し、左に行けばそれが犠牲になることを示している。一方、上方に行けば自然環境が改善され、下方に行けば破壊されていくことを示している。そうすると、技術の性格を四つに分類することができる。

　第4象限の技術は、経済力には寄与するが環境を悪化させる。工業的技術はこの典型である。産業革命以後、人類はもっぱらこの種の技術を開発し、経済は飛躍的に発展した。その結果、地球規模での環境保護が課題になってきたわけである。

　第2象限の技術は、環境の改善には役立つが経済力を犠牲にするものである。汚水処理や煤煙防止など、様々な技術が現代においては開発されている。企業や自治体にとって、このような装置を設置することは経済的な負担になる。その証拠として、環境規制が厳しい先進諸国を逃れて、比較的規制の厳しくない発展途上の国に立地する企業も少なくない。また、アメリカの前大統領ブッシュ[1]が、地球環境に最も責任をもたなければならない国であるにも関わらず「京都議定書」[2]に批准しなかったのも、国内経済の悪化を懸念したためである。

　しかし、この種の技術が開発されると環境が改善されるので、生産を拡大する余地が生まれ、結果として経済力を向上させることもある。環境改善のビジネスが成立するのはこのためである。

　第3象限の技術は最悪で、経済も環境も悪くする。軍事技術はこの範疇に属すると思われる。もっとも、過去の経験からして、開発された軍事技術が民生

図5-1 技術の性格

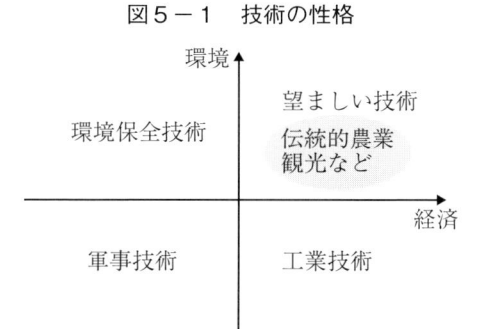

```
              環境 ↑
              |
              |  望ましい技術
   環境保全技術 |  伝統的農業
              |  観光など
——————————————+——————————————→ 経済
              |
      軍事技術 |  工業技術
              |
```

出典：内藤正明『エコトピア——環境調和型社会の提案』114ページより。

部門に応用される可能性があるが、現在では、民生部門の開発した技術が軍事部門に応用されるほうが多いと言われている。

　第1象限の技術は、経済力を向上し、かつ環境を改善するもので、持続可能な社会の実現には最も望ましいものでる。これからは、このような技術に基づく産業を振興しなければならない。このような産業は自然環境の恩恵を多く受ける産業であり、技術としては自然環境を本源的な生産要素として最重視するもので、具体的なものとしては農林水産業や観光などで、文化産業も関連が深い。

　しかし、自然環境から恩恵を受けるということは影響も受けるということなので、自然環境に左右されない技術を開発する傾向がある。農業では農薬や化学肥料、それに土を使わない水耕栽培、果ては電灯の光で栽培するという完全

---

(1) ジョージ・ウォーカー・ブッシュ（George Walker Bush, 1946〜）。コネチカット州生まれのアメリカの政治家。共和党。第46代テキサス州知事（1995〜2000）。第43代アメリカ合衆国大統領（2001〜2009）。
(2) 気候変動枠組条約に基づき、1997年12月11日に京都市の国立京都国際会館で開かれた第3回気候変動枠組条約締約国会議（地球温暖化防止京都会議、COP3）で議決した議定書のこと。正式名称は、「気候変動に関する国際連合枠組条約の京都議定書（Kyoto Protocol to the United Nations Framework Convention on Climate Change）」。

な工場システム型の技術が開発されているし、遺伝子操作も行われている。一方、漁業では捕獲に頼らずに養殖に向かいつつある。

自然環境の影響を回避しようとする技術は、工業と同様、自然環境に負荷をかけることになるため生活文化の様相も変革させる。少なくとも、負荷をかけないとしても自然環境を良好な方向に育てていくことがないため、「自然にもよく、人間にもよい」という具合にはなかなかいかない。両者がうまくいくためには「自然との共生」が必要で、それには文化の問題が絡んでくる。

▲ 共生とは

自然との共生とか環境との共生など、よく「共生」という言葉が使用されているが、それでは共生とはどのようなことであろうか。

生態系が持続するには、種の多様性を保持することが必要であると言われている。生態系から類推すれば、多様性は異質なもの（異なった「種」）の空間的共存であり、時間的共存であるので、それを人間社会に適応すると、異なった多様な文化（グループに属する）と信条（個人に属する）が共存することとなる。したがって、多様性を保持することは異質なものが共存することである。この異質なものの共存が実効性をもつには、共存の状態がある程度の期間（かなりの長期）にわたって維持されなければならない。

共生は、異なったものの共存であるから、相手の異質性を認め、敬意を表さなければならない。たとえ、その異質性が理解しがたく、かつ不合理に思える場合であっても敬意を払うことを失ってはいけない。黒川紀章[3]は、『新・共生の思想』という本のなかでこの敬意を「異質性の〈聖域〉」と呼んで、共生の思想は妥協・共存・混合・折衷とは本質的に異なる思想であるとした。

再び、生態系とのアナロジーに戻ると、この〈聖域〉は「種」にあたる。自然交配では異なった種は子孫を残さないため、まさに〈聖域〉と呼ぶにふさわしい。ゆえに多様性がたもたれる。

黒川の前掲書によると、このような〈聖域〉に敬意を表することは、「普遍性」や「平等な社会」の理想像というものは通用しなくなることであり、20世紀の

機械の時代が主唱した客観的な合理主義と決別することである。
　また、〈聖域〉をつなぐ〈中間領域〉の存在が重要となる。お互いに〈聖域〉を主張するだけでは対立になってしまって交わりがない。つまり、共生にはならない。双方が〈聖域〉を守りながらも、共通のルール、共通の理解を可能にする領域がなければならないとしている。しかも、この了解的な中間領域は仮説的であり、固定的なものでなく流動的なものである。このことから、共生は対立しながらもダイナミックで緊張感のあるものになる。
　このような中間領域を重視することで人間社会の理解が現実的になり、バランスの取れたものになると同時に深みを増すことになる。この視点では、人間世界を「善悪」、「肉体と精神」、「人と自然」という二元論や二項対立でとらえるのではなく、その二つが共生している中間領域を重視することになる。

▲ 共生の視点

「共生」とは異質なものの共存であり、それが成立するには〈聖域〉とダイナミックに変動する〈中間領域〉がなければならない。換言すれば、この〈中間領域〉の変動に着目することが、人間関係や社会のあり方や問題の応対に関してのキーポイント（核心）となる。このような視点から、人間性や経済発展を展望してみることにする。

人間性
　人間の性（さが）には「善」か「悪」かの論争があるが、動物には善悪の判断がない。人間も動物であるとするならば、もともと善悪がないことになる。そもそも善の概念は人為的につくられたもので、後天的にインプットされたものであるため、その意味では文化的なものである。

---

(3)　（1934〜2007）日本の建築家であり、数多くの都市計画や著名な建築物に関わり、世界的な建築家としても注目を集めていた。また、思想家としても知られており、特に『共生の思想』や『新・共生の思想』は、建築物に対して建築家の視点のみならず、自然との共生をも視野に入れた哲学的アプローチを訴えている。

人間が社会を形成するのは個体では生存できないからであり、そのためには人為的な制度が必要になってくる。要するに、「善」の概念も人間の人為的な所産である。人為的「善」の概念に反するのが、言うまでもなく悪（あるいは混沌）である。

人間が善と悪を兼ね備えているため、状況によっては善にも悪にもなり得る存在となり、善と悪が共生する存在であって、聖域的な絶対善と絶対悪の間を行ったり来たりしながら生きていることになる。社会を良好な状況にしたいのであれば、できるだけ人間の善なる部分が出現し、人間の悪なる部分が出てこないようにしなければならない。

悪は人間の本性から見て常に存在し、それを消滅させることは不可能であり、消滅そのものが人間の否定につながる。大事なことは、それが過大に出てきて、社会全体の共生的な秩序を破壊しないようにすることである。人間の悪の部分を完全に撲滅することは不可能であり、封じ込めることしかできない。その観点から、オランダの麻薬対策は参考になる。

オランダの麻薬対策——悪の封じ込め

世界各国で麻薬などの薬物中毒者が増加し、社会問題となっている。妙案のない各政府はどこもその対策に苦慮しているわけだが、そんななか、オランダ政府の対策が注目されている。

麻薬中毒者が犯す犯罪には、麻薬を使用するという一次的なものと、麻薬を得るために窃盗や売春をしたりして暴力団組織と関わったり、注射器の使い回しをすることによるエイズの蔓延に加担するという二次的なものがある。麻薬使用を完全に撲滅するには時間もかかるし、大変な費用もかかる。それでまず、二次的に派生する犯罪を防ぐことで社会的な悪影響を絶ち切ろうとしたのがオランダ政府の対策である。

オランダ政府は、登録した中毒患者に対して無料で麻薬を提供することにした。こうすることで、麻薬中毒の患者が麻薬を買うために犯す二次的な犯罪を防ごうとしたのである。毒をもって毒を制すこの方法は、麻薬を悪と決めつける立場からすると釈然としないものが残るが、世界的には有効な方法として評

価されているようである。

　この考え方も、悪と善との中間領域に注目した共生の思想の範疇に入るものである。ただし、発案者が共生の思想を意識していたかどうかは定かではない。

経済発展論および経済政策

　経済発展論は、経済社会がある普遍的なパターンに従って段階的に変遷すると主張するものである。そして、後の段階は前の段階とは異なった性格を有し、時にはその克服によって達せられると考えられている。しかし、段階を明確に区切ることは現実の理解を非現実化し、誤った対応に導くことになる。共生の視点からその段階説を検討してみよう。

　前近代社会（伝統的社会・前工業社会）、近代社会（工業社会）、ポスト近代社会（ポスト工業社会）と三つの段階に区分けする方法は大雑把なものであるが、このことを例に考えてみよう。

　前工業社会から工業社会への転換は、産業革命の技術革新による生産方法の転換によるもので、自給自足的な生活が支配的な経済から市場経済が支配するものへと変遷していった。それに伴って、社会組織も同族意識の共同体的な性格から契約・規律に基づく合目的な志向への組織が支配的になった。しかし、一般の株式会社のような近代的組織であっても、その企業が業績を上げていく（あるいは存続する）には、なにがしかの共同体的な意識が欠かせない。言い換えると、よい業績を上げている企業は、従業員に共同体意識を抱かせるような企業文化をもっているということである。

　また、近代社会における国家観は、個人の権利と自由な意思を最大限に尊重する集団的な意思決定システムを採用することを前提にしている。しかし、現実の国家は、国家権力の行使を円滑にするために国民の連帯意識（ナショナリズム）を醸成するのに腐心している。したがって、経済社会の変遷・推移が発展段階説のように整理できるからといって、各段階が前段階の要素を全面的に否定しているわけでもなく、また次の段階への発展を準備している。すなわち、次の段階の要素も含んでいるのである。

　前近代社会であっても、近代社会やポスト近代社会の要素をもっている。ま

た、この前近代社会の要素は、近代社会やポスト近代社会でも決してなくならない。

当該発展段階説によって整理された各段階の諸要素は、どの段階にも存在する。それぞれの段階を特徴づけるのは、その段階を特徴する要素が相対的に優勢であるにすぎない。このような視点から政策的含意を求めると次のようになる。

❶新しい段階が到来したからと言って、前段階の要素を否定し、その要素を消滅させる極端な政策を実行しないこと。

❷新しい段階に適応する政策を実行する場合、新しい入れ物は古い中身を入れている場合があり、それが新しい入れ物を強くすることもある。したがって、その点の見極めが必要である。

❸ポスト近代社会の要素は、前近代社会がもっていたものと類似した要素を携えているように、前段階の要素は次の段階の要素を生み出す可能性をもっている。つまり、連続した歴史的視点が必要である。

❹各段階を特徴づけた諸要素を持続させるためには、それらの要素を保つための遺伝子〈聖域〉を設ける必要がある。社会は、これらの諸〈聖域〉と共存し、それらをつなぐ中間領域のダイナミックな変動によって発展段階に対応する必要がある。

▲ 自然との共生

人間も自然の一部である。というよりも、自然は人間がいなくても存在するが、人間は自然がなければ存在できない。その意味では、「自然との共生」という言葉は矛盾を孕んだ誤解を生むものである。「良好な自然との共存」としたほうが誤解を生まないだろうが、何をもって「良好な自然」とするかが明確でない。とにかく、人間と自然とはそもそも対立できないものであるため、異種のものが同じところで存在するという共生の概念になじまない。

実存としての人間は自然に取り込まれたもので対立にならないが、自然に対する人間行動の態度に関しては対立したものがある。すなわち、「征服主義」

と「順応主義」である。この両主義の共存をもって「自然との共生」とすることを考えよう。

この方向から共生を考えた場合、二つの共生概念が出てくる。

第一は、単純に、両主義に基づく自然への対応が、開発されたところと未開発のところというように空間的に並存する場合である。これを「空間的共生」と呼ぶことにする。空間的共生は、意図的に達成されるよりも人間活動の結果として社会的に成立する。

第二のそれは、意図的な働きかけそのものに共存性が見られる場合である。「征服主義」に基づけば、自然を人間の手で完全にコントロールする。一方、「順応主義」によれば、コントロールしないで自然に任せようとする。共存性の場合はこの中間であって、完全にコントロールしないで、ある程度自然のなすがままにまかせることである。これを「技術的共生」と呼ぶことにする。

その場合、人間の力の限界を知って自然に任せる部分を残す場合と、自然に任せたほうがよい結果を得られるためにわざとそうする場合がある。前者は人間の力で100％コントロールしたいのであるが、現段階では力が及ばないのでやむを得ず自然に任せているので、やがて技術が高まれば完全にコントロールしようとすることになる。したがって、前者は「征服主義」に入れるべきであろうが、結果としては共生となっている。

この関係を整理すると、表5-3と表5-4のごとくになる。

表5-3は、自然征服型の〈聖域〉と自然順応型の〈聖域〉を対比させたものである。自然を人間の都合に合わせて改造するべきだとするかどうか、そしてその意図とは別に、実際可能と考えるかまったく不可能と考えるかによって四つのケースに分かれる。Ⅱのケースを自然順応型としたのは、自然を人間の都合のよいように改造するべきとした場合でも、その改造が結局まったく不可能であると考えると自然に順応して生きざるを得ないからである。

これらの〈聖域〉の間に〈中間的領域〉が入ると表5-4のようになり、九つのケースに分けられ、自然共生部分が出現する。

この九つのケースを、より自然を支配しようとするのか、あるいは自然とできるだけ順応するのかという程度に応じてランク付けすることにする。

表5−3　聖域としての自然征服型と自然順応型

自然に対する人間の支配	可能である	可能でない
するべきである	Ⅰ（自然征服型）	Ⅱ（自然順応型）
するべきでない（自然順応型）	Ⅲ（自然順応型）	Ⅳ（自然順応型）

出典：駄田井・浦川・夏（2009）11ページ。

表5−4　中間領域としての自然共生型

自然に対する人間の支配	可能である	ある程度可能である	可能でない
するべきである	Ⅰ（E） （自然征服型）	Ⅱ（D） （自然共生型）	Ⅲ（A） （自然順応型）
ある程度するべきである	Ⅳ（C） （自然共生型）	Ⅴ（B） （自然共生型）	Ⅵ（A） （自然順応型）
するべきでない	Ⅶ（A） （自然順応型）	Ⅷ（A） （自然順応型）	Ⅸ（A） （自然順応型）

出典：駄田井・浦川・夏（2009）11ページ。

　Ⅸのケースは、人間は自然に対して無力であり、ただ自然に従って生きるしかないし、そうするべきであるとするものであるから、純然たる自然順応型の〈聖域〉であるため「ランクA」とする。

　一方、ⅢとⅥのケースは、人間は自然との改造に取り組むべきであるかもしれないが、それはすべて失敗に終わるので、自然に逆らわずに順応して生きるべきであるとする。これも、自然順応の〈聖域〉に含まれるとしてよいだろう。したがって「ランクA」とする。

　一方、Ⅰのケースは、自然を人間の都合のよいように積極的に改造していくべきであり、またそのようにすることが可能であると信じるものであるから、自然征服型の〈聖域〉である。よって「ランクE」とした。

　次にⅡの場合は、自然を人間の都合のよいように改造していくことが望ましいとしながらも、完璧に人間の都合に合わせることは不可能である、あるいは人間の能力に限界があるとするもので、ある程度自然に従って順応しなければならないという意味であるため、二つの〈聖域〉の中間領域であり、自然との共生の範囲である。したがって、自然共生型として「ランクD」とした。

　Ⅳのケースは、自然を人間の都合に合わせて改造していくことが人類の進歩

や文明の進化につながるとしながらも、そのことが仮に究極には可能であったとしても完璧なまでにそれを遂行するべきでないとしている。その理由としては、人為的にすべてをコントロールするよりも、自然の条件を考慮して自然に順応させたほうがうまくいく場合があることなどが考えられる。結果として、二つの〈聖域〉の中間領域となり、自然との共生の範囲になると考えられるので「ランクC」とした。

ケースVは、ある程度自然の改造はするべきであるが、完璧にそのようなことができるわけでもないし、またそうするべきでないとするもので、これも中間領域になるので「ランクB」をつけた。

A～Eの五つのランクに関しては、A、Eは聖域の領域であり、B、C、Dは共生の領域であるが、BからC、DとなるほどEの自然征服型に近づくものとなる。

▲ 自然共生度指標

自然共生型の生活圏を形成するためには、「自然征服型」と「自然順応型」の考えに基づくものが混在することになる。混在の仕方は、地域の制度・文化と技術の性質によって決まる。まず、技術について考えてみよう。

技術の性質を「自然征服型」か「自然順応型」に二分するのでなく、あいまいな部分（ファジー）の存在を認める。採用される技術を a, b, c などとし、その評価を μ（メンバーシップ関数）で表すと、a が完全な「自然征服型」に属するなら「$\mu(a)=1.00$」と表し、b が完全な「自然順応型」に属するなら「$\mu(b)=0$」と表す。そして、c が中間的領域に属するなら、すなわちランクB～Dであれば「$0<\mu(c)<1$」で、例えば「$\mu(c)=0.45$」などと表されることになる。

このメンバーシップ関数の値をもって自然共生度を表すことにするが、この値が小さくなるほど自然共生度が高くなるなどとの誤解が生じることになるので、この値を「自然共生度指標」と呼ぶことにする。

このメンバーシップ関数の値を決めるには、開発され利用されている技術の

表5-5　五つのランクと技術の性格

ランク	A	B	C	D	E
μ	0.00〜	0.25〜	0.50〜	0.75〜	1.00
哲学・志向	完全に順応。自然の原型的利用。横取り。［篠原(2005) p201］	必要最小限に自然をいらう。自然に対し、犯してはいけないタブーを明確にもつ。	自然との共生を自覚。可能な限り自然を保存。タブーや聖域は明確でない。	自然を可能な限り支配しようとするが、完全支配の不可能を自覚する。	自然を完全に支配・コントロールすべきとする。
技術モデル［篠原(2005)『自然を生きる技術』］	モデルC	モデルB 生業の技術			モデルA 工業の技術
ドメスティケーション［松井(1997)『自然の文化人類学』］		セミ・ドメスティケーション 原生種と栽培種・飼育種との連続性		野生種との分離	遺伝子操作
道具＋身体＋自然知＝一定［篠原(2005)］	道具＜身体知＋自然知			道具＞身体知＋自然知	
エネルギー転換 熱⇔動力	なし			あり	
化石エネルギー	使用しない			使用する	
人工的素材	できるだけ使用しない			開発して積極的に使用する	

出典：駄田井・浦川・夏（2009）12ページ。

性格（例えば、エネルギーを大量に使う）などもさることながら、その技術を開発する時の人間の自然への態度、志向、あるいは動機が問題になる。そこで、まず人間の自然に対する志向、あるいは自然への対応の哲学と呼べるものについて、表5-4のA〜Eの五つのランクと関連させてメンバー関数の値を振り分ける。そして、技術の性格をA〜Eに関連させることにする。表5-5は、このようにして見た技術の自然共生度をまとめたものである。

　五つのランクはそれぞれ哲学・志向に対応していて、ランクCで中間としている。ランクBでは自然に対するタブー、例えば人間が入ってはいけない領域とか、食べてはいけないものとかを明瞭に意識している。またランクCでは、

そのようなものがあってもはっきりしない。そして、ランクD、ランクEでは自然に関するタブー・聖域の否定である。

「技術モデル」に関しては篠原徹の『自然を生きる技術』（2005年）によっているが、「モデルA」はフランスの経験から抽出され、二重の人間非存在への指向性をもっている。第一のそれは「個人的な巧みさに依存せずに、誰がやっても常によい結果が得られるように道具や装置を工夫する」であり、第二のそれは「できるだけ人間以外の道具を使って、しかもより大きな結果を得る」である。これらは、『旧約聖書』の「創世記」に基づき、「創世記パラダイム——自然の対象化と利用」と言われている。

技術の民主化は軍事技術に象徴的に現れ、民主主義国は高度な武器を使って自国民の死をできるだけ少なくしようとする。よって、戦争は経済力と科学技術力の競争になった。

「モデルB」は日本の経験から抽出されたもので、二重の人間依存への指向性をもつとされる。すなわち、「機能が未分化の単純な道具を、人間の巧みさで多様に、そして有効に使いこなそうとすること」および「より良い結果を得るために人間の労を惜しみなく注ぎ込む」ものである。言ってみれば、道具を人間化するものと言える。

「モデルC」はアフリカの経験から抽出されたもので、「自然と社会の両面で既存の状態に依存しながら、それに働きかけて懇願して何かをしてもらう」ものであり、「ブリコラージュ（ありあわせもので器用にやり抜く）」である。つまり、人間を道具化するものと言える。

同じく篠原の前掲書による「道具＋身体知＋自然知＝一定」の関係は、人間活動における時間的、空間的、物理的制約から成立する。スポーツなども、道具を高度にすると人間的な能力に違いが出にくくなって面白くなくなる。つまり、「道具」とは「利用のために修正を施された物的環境」であり、「遅い回転運動：短い直線運動」から「速い回転運動：長い直線運動」を可能にしたことで生業の技術から工業技術への分岐点となったとする。

▲ 技術の自然共生度測定の具体例

　ここでは、メンバーシップ関数のイメージをつかむために、生産技術に関してファジー値を考えてみることにする。これはまったく個人的な思いつきであり、あくまで例示であるので異論が出ると思われるが、このような議論を積み重ねることで評価に対する基準をつくる下地ができると考える（表5－6～表5－10参照）。

表5－6　農業の場合

技術	ランク	備考
水栽培・電燈の光で野菜栽培	E	完全に自然との隔離である。完全に科学的なデータに基づく栽培。
温室による施設園芸	D	道具＞身体知＋自然知　となる。
機械化・近代農業（農薬・化学肥料・大型機械使用）	D	可能な限り、機械的な作業になるように意識する。モデルAの範疇。
有機・減農薬農業	C	天候やそれぞれの圃場の状況に応じて作業を適応させていく。
自然農法	B	可能な限り人為的なことをしない。
伝統的焼畑農業	B	自然農法に近い
棚田での農業	B, C	大型機械が使用できず、人手をわずらわす農業となる。また、水は周りの山林で涵養されたものを使用する。自然への依存度が高い。

温室での施設園芸（筆者撮影）

夏の棚田（八女郡星野村）写真提供：筑後川まるごと博物館

表5－7　林業の場合

技術	ランク	備考
木材を効率よく産出するための植林	C	生態系の維持よりも、木材を得ることを目的とする。しかし、林業自体、自然を完全にコントロールできないことを自覚している。
採集的林業	A	生態系の維持を目的とした森林造を行い、その森から持続可能な範囲で、木材・山菜・薬草・猪・鹿や小動物を得る。

表5－8　製造業・ものづくり

技術	ランク	備考
人工素材による大量生産	E	生産効率を上げるためにあらゆる手段を行使するという意識を持つ。
再生産可能エネルギーの使用	C	生産に投入するエネルギーに関しできるだけ化石エネルギーを使用しないということは、タブーの存在に近い。
天然素材による手造り	B	人工素材を使わないという一種のタブーが存在する。
醸造技術	C, D	酒、酢、醤油、納豆など醸造は、人間と自然との共生領域である。製鉄などと違い、材料が生物であり加工においても、すべてを人間の力で行うのではなく、酵母菌などの微生物の力を借りて行う。

伝統的な製造による酒蔵（筆者撮影）

自動化されており、酒粕が出ない近代的な装置の酒蔵（筆者撮影）

表5-9　交通手段および体系

技　術	ランク	備　考
自動車優先の交通体系	E	座ったままで個人のペースでの移動。目的地までの経路や時間についても、個人の自由になることを前提としている。自然支配の志向に通じる。
鉄道・バスなど公共輸送機関利用	D	自動車に比べて移動経路や時間が個人の自由にならない。完全支配が不可能なことを自覚する。
自転車での移動	B, C	自分の力だけで移動する。道具＜自然知＋身体知の関係が成立する。
歩行	A	道具がゼロに近い。
舟運	D	移動が水上に限られることを自覚。

表5-10　治水・利水

技　術	ランク	備　考
三面側溝	E	完全にコントロールしようとする意識。
多自然川づくり	C	できるだけ自然との共生を自覚。タブーの存在。
ダムによる治水・利水	D	自然を完全に支配できるとは考えていない。
スーパー堤防	C	防災と生活空間の共生を志向。自然との共生に通じる。

出典：**表5-6～5-10**、駄田井・浦川・夏（2009）14～15ページ。

コンクリート張りの堤防（筆者撮影）　　多自然川づくり（筆者撮影）

▲ 自然共生型技術と再生エネルギー

　近年とみに、環境問題に関心が寄せられている。特に、エネルギーに関しては、環境に配慮することからも、自然や再生可能エネルギーの使用を促進する動きが盛んになってきている。このような潮流が産業構造のポスト工業化とどのように関連あるいは必然性をもつのかということに関して、多少の疑問をもつ人もいるだろう。この疑問を解消するべく、次の二点を挙げておく。

❶ポスト工業社会は、工業社会のあとに実現される社会である。自然エネルギーや再生可能エネルギーへの関心の高まりは、化石エネルギー資源の枯渇や、化石エネルギーを大量に使用したことによる環境汚染への心配から発したものである。化石エネルギーの枯渇や環境汚染は産業化への過程で発生したものであり、その後に続くポスト工業社会では、工業社会が犯した過ちを繰り返すわけにはいかない。

❷自然エネルギーや再生可能エネルギーは、化石エネルギーに比べて分散的に偏在する。化石エネルギーは集中的に偏在するので、集中して利用するほうが効率は高い。ポスト工業社会の技術の特色として小型化・分散化が挙げられるが、現在まさに、自然エネルギーを利用する技術的条件が準備されたと言えよう。

2 文化の多様性の保持と地域の自律と自立

▲ 画一化の弊害

　画一化は、確実に社会の持続可能性を阻害していく。その地、その場の特性に順応して長い時間をかけながら培われてきた生活様式・文化を壊し、グローバル・スタンダード化することは地場の資源を有効に活かさないことになり、自然の恵みも充分に享受することができなくなる。そして、このことは都市化

とともに拡大する。都市は人工的空間であり、都市化は自然の営みからますます遠のくことになる。したがって、一層画一化されることになる。

　自然と共生し、自然の恵みをできるだけ享受しようとすることは持続可能性を高める。　人工物は消耗し、壊れるか、寿命が来れば造り替えなければならない。しかし、自然は消耗しない。

　例えば、飲料水を水道に頼るなら、浄水場や水道管の寿命がくれば取り替えなければならないが、それには莫大な費用がかかる。しかし、井戸水の場合であればどうであろうか。地下を伏流する水脈が破壊されない限り永続するし、生活水を井戸で確保できるならあえて水道を設置する必要もない。井戸で賄えるところに水道をすすめるのは水道事業の効率性のためであり、必ずしも望ましいものではない。

　服装についてもそうである。暑いところであれ、寒いところであれ、それぞれにあった伝統的な服装がある。それを画一化することは確実に資源を浪費するし、場合によっては健康に害ともなる。例えば、日本の夏は蒸し暑く、背広にネクタイは酷である。また、靴を履くという行為も決してよいとは言えない。それにも関わらず、クールビズさえあまり普及しないのはどういうことであろうか。

▲　「平等」と「画一化」の混同

　現在、日本では「独創性」だとか「個性」だとかが大事であると強調されているが、現実はそれに反して画一化が一層進んでいるような気がする。その理由を探ると次のようになる。

　第一は、繰り返しのようになるが、社会が工業化することにつれて人々の生活様式が画一的になり、意識もみんなが同じようになるように仕向けられてきたことである。規模を拡大し、大量に生産することで効率を上げる工業的生産方式では、多種類を少量生産するよりも同じものを大量に生産するほうが望ましい。したがって、消費者の好みも多様であるよりは画一的であることが望ましく、広告・宣伝によってできるだけ好みが同じなるように画策する。新聞、

雑誌、テレビ、ラジオなどの手段を通じて画一化への仕込みが長期にわたって行われた結果、消費者自身の選好が画一化的になってマニュアルに依存するようになった。

　第二は教育の問題である。社会において公教育（学校教育）の比重が高まり、家庭や地域での教育力が低下していると言われている。そして、日本の教育は極めて画一的である。文部科学省の指令のもとに小学校から中学校、そして義務教育でない高等学校まで全国共通の教科書を使用して、全国共通の指導要領に基づいて教育が行われている。さらに、大学の入学試験でも共通テストが実施されている。この結果、学生が習得する知識もまた考え方も全国的に画一化され、これに適合できない者は公教育の場から落ちこぼれ、将来安楽に暮らせると考えられるレールには乗れなくなる。

　第三は、社会の平等を志向する「民主主義の風潮」の蔓延である。社会における人々の平等化は望ましいことであるが、しばしば「平等」と「画一化」が混同されている。工業社会のように画一化することが社会全体も個人も経済的に有利になる場合は、特に混同が甚だしくなる。

　平等とは、人種、文化、身分、貧富などの違いがあっても社会的に分け隔てなく公平に扱われることであって、必ずしも生活諸条件や様式・手段を画一的にすることではない。平等は、むしろ生活様式・手段の多様性を許容することであって、生活諸条件や様式・手段の画一化とは次元が異なる。生活諸条件の均一化は社会の平等化に寄与する可能性があるが、過度の生活様式・手段の画一化を伴うと平等に反することになる。平等は個人の幸福や生活の満足への達成度合いが公平であるかに関わることであって、衣食住や教育・医療・福祉などのサービス均一化で判断するものではない。

▲ 食文化と環境

　食生活の画一化は、1日に3回食べることもあって最も被害を被るケースである。その場で培われてきた食文化は、その場の食材を使い、かつその場の気候風土に合ったものである。例えば、日本ではカロリー基準での食糧の自給率

が問題になっている。その主な原因は、パンと肉食が普及したことにある。その結果、米の消費量が減少し、一人当たりではかつての半分の量となった。

　米の一人当たりの消費量が倍になれば、食糧自給率は20％上昇する。さらに、米は麦に比べて栄養価も高く、かつ小麦のように粉にして麺やパンに加工しなくても炊くだけで食べられるエコ食品なのである。

　さらに、水田は水を涵養し、暑い夏に温度を下げる役割も果たす。また、かつての水田にはタニシ、ドジョウ、カエルなどの小動物が棲み、水鳥たちを養った。水鳥たちの巣は山林の肥やしとなって山林を豊かにし、豊かな山林はミネラルを含んだ水を水田に供給した。米の消費量が減少し、休耕田が増えるにつれ、人間と自然が共生してつくり出した素晴らしい生態系バランスが壊された。

　近年、コイ、フナ、ドジョウなどの淡水魚をあまり食べなくなった。豚肉や牛肉を多く食べるようになったことと、冷蔵・冷凍技術が向上したうえに交通の便利性が高まったことで、海から遠いところでも海の魚を美味しく食べられるようになったからである。

　食材としての淡水魚に関心が薄れたことによって、河川や溜池といった水環境をおろそかにすることになった。河川や溜池に生息する自然の魚を食べるなら、当然、その水質に関心を寄せるようになるし、ブルーギルなどの外来魚をただ釣る楽しみのために放つ行為などは許せないことになる。

　ウシやブタなどの牧畜は、山間部を拓いて行われている。それは糞尿の処理が問題となるからで、人家がある近くでは行われない。山間部での大規模な牧畜は、明らかに河川環境の悪化につながる。水源地は、森林伐採されたうえに大量の糞尿が川に流れて汚染されている。しかも、与えられている飼料は大半が輸入されたものである。

　日本人は、明治まで牛肉や豚肉を食べなかった。仏教の影響と言われるが、それだけでなく、自然環境の保全とも関係しているように思う。つまり、動物の殺生がダメであるなら魚やニワトリも禁じられるはずなのに、それらは禁じられていない。特に、四つ足を禁止したのは、やはり環境問題と関係しているように思える。

温暖で多雨な日本と異なり、モンゴルのような乾燥地帯では遊牧が適しているために肉が主食になる。仮にこれらの草原を耕せば、地中の水分も蒸発してしまって砂漠化することになる。水田はおろか畑作も生態系を壊すであろう。このように社会の持続可能性を維持するには、その地、その場の自然環境に適合した生活文化を守らなければならない。むやみに他の地域の生活様式をもち込むと、持続可能な生態の連鎖を壊すことにつながる。そのためにも、その場その場の事情をよく勘案して、その地その場に適した方策に従わなければならない。つまり、自律性が必要となる。そして、この自律性を保持するためには他地域からの影響に左右されない自立性が必要であり、また自律性が保持されれば、当然、自立性も高まることになる。

日本美の特色

　多田富雄[4]は、日本美の特色として次の四つを挙げている。

- ❶山川草木に神が宿る。多神教、自然崇拝、アニミズムの伝統。
- ❷象徴力、簡潔性を好む。
- ❸もののあわれ、無常観、判官びいき。
- ❹匠の技。細部まで突き詰める。日本工業技術のルーツ。

　巨岩、大木、泉、また山そのものなどに神が宿るとし、崇拝をする。自然のなかに人間が侵してはならないものがあるとするもので、自然を人間の都合のよいように造り替えようとする自然征服思想とは異なる。
　ごちゃごちゃした装飾や冗長な説明を嫌い、象徴力、簡潔性を好む性向は、俳句、和歌、能、歌舞伎などの表現形式に現れている。この日本的な簡潔性が表現方法において優れていることが、数学的無限大（∞）を表す方法を比較することで比喩的に表現できる。∞を数字あるいは足し算や掛け算で表すと、そ

---

[4]　（1934～2010）免疫学者。著書に『免疫の意味論』などがあり、能楽に造詣が深い。

茶道具。洗練された技術と自然へのとのつながりが連想される。写真提供：よしの園

れこそ無限の数字や演算の羅列になる。しかし、割り算で表すとある数をゼロで割ればよいだけで、一つの演算で終わってしまう。日本的な簡潔表現は、割り算のようなものであると言える。

　滅びゆく者への同情、弱い者への力入れ、すべてのものは移ろいゆくという感覚は、人間の自然に対する優越性を否定するのに通じる。また、エントロピーの法則の直感的理解であるとも考えられる。

　❹のように、徹底して技術を追求していく姿勢は、自然崇拝と簡潔性を好む他の三つと矛盾すると受け止められる可能性があり、異文化の世界には説明しにくい特色である。しかし、日本人であれば矛盾なく心に落ち着くのである。日本の自然は細部まで美しく、細部までこだわることは自然に近づくことであると考えれば説明がつくかもしれない。

　この日本美の特色は人間と自然との共生に密接に関連していて、これまでに日本独自の文化を生み出してきた根源でもある。

参考文献

- Arrow, K. J.（1963）*Social Choice and Individual Value.* John Wiley & Sons.（長名寛明訳『社会的選択と個人的評価』日本経済新聞社、1977年）
- Kemp, R.（1996）"*The Transition from Hydrocarbons : The Issue for Policy*",（Faucheux, S., Pearce, D. & J. Proops（ed.）, *Models of Sustainable Development,* Edward Elgar, pp.151～175.）
- March, J. G. & J. P. Olsen（1989）*Rediscovering Institutions, the organizational basis of politics.*（遠田雄志訳『やわらかな制度――あいまい理論からの提言』日刊工業新聞社、1994年）
- 飯沼賢司（2004）『環境歴史学とはなにか』山川出版社。
- 内山節（2010）『共同体の基礎理論――自然と人間の共層から』農文協。
- 宇根 豊（2001）『「百姓仕事」が自然を造る』築地書館。
- 宇野重規（2007）『トクビル 平等と不平等の理論家』講談社。
- 黒川紀章（2006）『新・共生の思想』黒川紀章著作集Ⅳ（評論・思想Ⅳ）、勉誠出版。
- 篠原 徹（2005）『自然を生きる技術』歴史文化ライブラリー204、吉川弘文館。
- 駄田井正・浦川康弘・夏広軍（2009）『筑後川における持続可能な地域の形成――自然との共生をめざして』久留米大学産業経済研究所紀要第33集。
- 内藤正明（1992）『エコトピア――環境調和型社会の提案』日刊工業新聞社。
- 松井健（1997）『自然の文化人類学』東京大学出版会。
- 松尾友矩編著（2006）『共生のかたち――「共生学」の構築をめざして』誠信書房。
- 三浦永光（2006）『環境思想と社会――思想史的アプローチ』御茶の水書房。

付 言

　本章は、主に駄田井正・浦川康弘・夏広軍（2009）に基づいて記述されている。
　ファジー集合論はザデー（A. L. Zadeh, 1921～）によって考案されたもので、あいまいさを量的に把握しようとするものである。通常の集合論では、A（例えば黒）に属すか属さないかに完全に分離される。ファジー集合では、B（例えば白）とすると、灰色をメンバーシップ関数を用いて表すことができる。μをメンバーシップ関数として、$\mu(A)=1.0$、$\mu(B)=0.0$とすると、Cがちょうど中間であると、$\mu(C)=0.5$となる。黒に近いものなら1.0に近くなり、白に近くなると0.0に近い数字となる。
　工学の世界では制御システムに応用されており、社会科学でもMarch & Olsen

(1989) のように「あいまいさ」の重要さが注目されるようになっている。

　日本の伝統的な農業や林業が豊な自然をつくってきたことについては、宇根 (2001) を参照されたい。また、内山 (2010) は、日本の伝統的な共同体の特色として、人間関係であると同時に自然との関係が取り組まれていることを挙げている。したがって、日本には伝統的に自然との共生が深く関わるものがある。

　環境と社会思想の変遷については、三浦 (2006) を見られたい。また飯沼 (2004) は、環境と人間の時間的変遷に注目する環境歴史学の入門によい。

　多田富雄氏の日本美の特色は、朝日新聞（「聞く」2008年6月20日）の記事による。

　政治体制としての民主主義は社会的意思決定手段・ルールの総体であって、道徳や倫理ではない。手段・ルールである以上、適切な状況で適切に運用されないと有用なものとならない。不適切な状況で、あるいは不適切に運用すると混乱と弊害をもたらす。Arrow (1963) は、極端な選好が許される場合は、民主主義的ルールは不整合な結果になる可能性を論理的に導いた古典的著作である。同時に、人々の選考が類似したものであると不整合な結果にならないことを示した。したがって、人々が同じような考えをもつ場合には民主主義は機能すると言える。しかし、異質なものの集合体である場合、例えば、宗教、民族、文化、風習が異なる場合は機能しない可能性がある。このような場合「共生」の考え方が有用かもしれない。宇野 (2007) は、トクビルを再評価することで平等のもつ意味を考察したものである。

第 **6** 章
文化的修練の重要性
——文化経済学の視点

茶道。日本的ホスピタリティの精神が凝縮されている。写真提供：よしの園

　その国の文化と経済活動は本来密接な関係にある。従来の経済は、その関係を所与のものとして直接的に取り扱ってこなかった。しかし、サービスに関するソフトが重視されるポスト工業化社会では、文化的な要因を第一義的に考慮しないと経済社会における様々な分野での円滑で活動的な運営が不可能になるとさえ言える。この様相を、文化経済学の視点からとらえることにする。

1 文化力と経済力

▲ 文化経済学の基本公式

　人間生活は、古来「衣食満ちて礼節を知る」と言われるように、ある程度の物的基盤が確立しないと豊かにならない。その一方で、聖書に「人はパンのみで生きるにはあらず」とあるように、モノだけがすべてではない。この関係を明瞭にするのに、次の恒等式が役立つように思える。

$$人間生活の豊かさ（幸福） = \frac{人間生活の豊かさ}{物的豊かさ} \times 物的豊かさ$$

　そうすると、恒等式右辺の比率（人間生活の豊かさ／物的豊かさ）は、「文化力」あるいは「ソフト力」と呼ぶことができる。文化力とは、より少ないものでより多くの満足を得るものであるから、「富の幸福への変換能力」とも言える。また、物的な豊かさを得るには犠牲が必要であるため、文化力はできるだけ犠牲を少なくしてより良い満足を得ることになり、モノを効率的に活用する一種の能力であるとも言える。

　満足や幸福についての客観的な指標はないので、具体的に理解を深めるためには、現実の文化的現象についての多くの事例を集めることが第一となる。例えば、料理について言えば、同じ食材を使っても上手な人と下手な人では出来栄えに大きな差がつく。また絵画でも、同じ分量の絵の具を使用しても描く人によってその出来上がりが違う。同様に、社会であっては物的基盤が同じであってもソーシャル・キャピタルや文化資本の相違によって社会全体の豊かさや安定度が異なる。少子高齢化社会が到来して環境問題が大きな制約となっている現代、この能力は、物的生産力をいかに向上するかと並んで、あるいはそれ以上に重要である。

　恒等式の第二項の「物的豊かさ」は一応経済力に関係すると言えるので、こ

の恒等関係は「人間生活の豊かさ＝文化力×経済力」と置き換えることができる。この関係は、文化経済学の手法を意識する時に基本的な役割を果たすと考えられるから、「文化経済学の基本公式」と名付けることにする。

この基本公式では「文化力」・「経済力」という言葉に換言しているが、それらの概念・内容は明瞭ではない。特に、文化力はそうである。それで、経済力を明瞭に限定的に規定することで、その残余のものとして文化力の内容を明瞭にすることができる。

経済力は「物的な豊かさ」を実現する能力に関係するが、物的な豊かさの意味を経済的価値に関連させて交換価値（貨幣価値）をもつものに限定することにする。

▲ 文化力と経済力の相互依存

人間生活を豊かにするには、経済成長とともに文化力の向上が必要となる。両者がともに相まって向上すれば一番望ましいのであるが、両者の関係には錯綜した相互依存の関係が見られる。この相互依存の関係は、形式的には次の五つのケースに分類することができる。

❶文化力と経済力の間には何の関係もない。互いに影響しない。
❷経済力が高まることで文化力も向上する。
❸経済力が高まることで文化力が低下する。
❹文化力が高まることで経済力も高まる。
❺文化力が高まることで経済力が低下する。

現実にはいずれの場合も起こりうることであり、一概にどうであるとは断言できない。以下において、順次それぞれのケースを事例や学説に依拠して概観していくことにする。

2 西欧主流派経済学の想定と文化要因の無視

▲ スミスと古典派経済学

　経済行為もある一定の制度的与件のもとで実行されるので、経済行為そのものも文化的行為であるとの主張も成り立ち、文化と経済の関係は切っても切れないものであることは確かである。しかし、概してアダム・スミス[1]に始まる西欧古典派経済学、そしてその後の新古典派経済学は両者の関係については注目してこなかった。文化の問題に関心を寄せていたとしても、経済学のなかでは与件として取り扱われてきた。

　スミスの『道徳情操論』（1759年）は人間的感情と近親性に焦点をあてたものであるが、『国富論』（1776年）は人間的感情を捨て去った人間関係を想定したものである。そこでは、利害関係だけが人間と人間を結ぶものであり、古典派経済学の世界観として定着した。そして、スミスにあっては、「富」とは労働の年々の生産力（付加価値）であって、この生産力を高める要因の分析に焦点をあてている。

　スミスは、労働の生産力の向上は資本の蓄積と技術の進歩によってもたらされるものであるとし、技術の進歩は分業の促進と創意工夫に基づく技術革新によってもたらされると考えた。そして、そのためには市場の拡大と競争性が保持されなければならないとした。

　スミスに続いたD・リカード[2]やR・マルサス[3]も、労働の生産力の増大、言い換えれば経済成長のメカニズムに関して人為的制度（文化的要因）を可能な限り排除する方向で構築した。前者は土地の生産力に重点を置き、後者はそれに人口の要因をからませた。

　両者とスミスの違いは、スミスは技術進歩に期待をかけて経済成長は永続するものと楽観的であったが、2人の後継者はそうでなかった。土地と資源の制約はやがて経済成長を停止させ、定常的状態に至るとした。

新古典派経済学

　古典派経済学者は、経済分析においては文化的要因を視野の外に置いたが、文化的要因については強い関心をもっていた。古典派経済学を集大成したJ・S・ミル[4]は、経済成長が停止した定常的状態を悲惨な状態とは見ないで、人類が生活するにおいて必要な物資が充分生産された状態と見て、多くの時間を労働に従事する必要はなく、充分な余暇時間を芸術・学問・スポーツなどの文化的活動に活用できるものとしている。

　労働価値説は別にして、古典派経済学のパラダイムを受け継いだ新古典派経済学は、文化的要因を無視する点においてはもっと徹底している。新古典派経済学の学者は、「市場メカニズムがそれに参加する人達の満足を最大にする」という命題を厳密に証明しようとした。そして、その分析道具を開発することに腐心し、数学や統計学の成果を積極的に取り入れたが、文化的な領域の成果は取り入れなかった。

　そのため、新古典派経済学者が証明したと自認している諸命題、例えば市場の有効性、自由貿易の有効性などは、極めて限定的な条件のもとでの立証にも関わらず、イデオロギーとしてプロパガンダ的に一般的な原則として世界を席捲している。

---

(1) アダム・スミス（Adam Smith, 1723〜1790）。スコットランド生まれの経済学者・哲学者。「経済学の父」とも称される。1759年にはグラスゴー大学での講義録『道徳情操論』（または『道徳感情論（*The Theory of Moral Sentiments*）』）を発表。

(2) デイビッド・リカード（David Ricardo, 1772〜1823）。自由貿易を擁護する理論を唱えたイギリスの経済学者。各国が比較優位に立つ産品を重点的に輸出することで経済厚生は高まるとする「比較生産費説」を主張した。経済学のなかでは、アダム・スミスと並んで評される。

(3) トーマス・ロバート・マルサス（Thomas Robert Malthus, 1766〜1834）。イギリスの経済学者。1798年に主著『人口論』を著す。古典派経済学の経済学者で、過少消費説、有効需要説を唱えた人物として知られる。

(4) ジョン・スチュアート・ミル（John Stuart Mill, 1806〜1873）。イギリスの哲学者・経済学者。社会民主主義・自由主義思想に多大な影響を与えた。ベンサムの唱えた功利主義を擁護。晩年は、自ら社会主義者を名乗った。

▲ ケインズとそれ以後

　厚生経済学を集大成したA・C・ピグー[5]は、社会的文化的要因（非経済的要因）をも含んだ厚生一般を考察の出発点にしている。そして、貨幣価値で測定できる経済的厚生とそれ以外のもの（非経済的厚生）の間には相互関連のあることを認めているが、厚生経済学の分析を進めるにあたっては非経済的厚生の要因を所与として取り扱っている。

　J・M・ケインズ[6]は文化・芸術に関心が深く、彼の業績のいくつかは文化経済学の研究対象として取り上げられている。しかし、『一般理論』（1936年）の枠組みのなかでは文化の要因は外に押し出されている。これは、『一般理論』の分析視野は「短期」であるために、長期的に変動するものを所与として考察の視野外にしたからである。しかし、投資にあたっての心理的要因や不確実性については言及している。

　ここで新古典派経済学の流れを西欧経済学の主流派としたのは、ノーベル経済学賞の大半の業績がこの流れを汲むものであるからである。もっとも近年は、G・S・ベッカー[7]やA・セン[8]の業績に見られるように、教育や文化的社会的要因を豊かに含んだものが見られる。したがって、経済分析で文化的要因を与件とすることはもはや主流でなくなる事態となった。

3　経済発展に伴う文化力の向上

　文化を広義、すなわち「特定地域における固有の価値観や生活様式」としてとらえるのでなく、狭義に「学術、文芸、芸術一般、スポーツ、生活文化など具体的な活動領域」としてとらえると、経済発展がそれらを振興・発展させる事例は豊富となる。その理由は次の五つである。

❶経済が発展し所得が向上するにつれて、それら文化に接する機会と接しよう

とする動機が高まる。また、それら文化の享受あるいは活動に参加するのに必要な費用を負担することが可能になる。

❶経済の発展は、交通・通信網の発展と相まっているので、これに伴って文化に関する情報が一般に行きわたる。

❸経済発展によって人々の文化に対する欲求が高まれば、それを満たすための諸手段が開発される。人々の文化への需要は、一部は準公共財として公共部門から財政的な裏付けのもとに満たされることになり、一方では市場メカニズムに乗って民間営利の活動から満たされることになる。すなわち、文化産業や文化関連産業の発展である。

❹経済発展は各市場の地理的範囲を拡大する。その結果、市場機能や取引が円滑になるように制度や法律の整備が不可欠になる。また、商習慣、文化や言語などが異なる地域との取引・人的交流が盛んになると外国語教育、文化研究などが促進され、異文化交流が新たな芸術文化を生み出す。

❺経済発展の源は科学技術の開発研究に基づく技術革新であって、そのために学術研究を促進することになる。特に、高等教育機関や研究機関が充実し、それに従事する人たちも増加する。

---

(5) アーサー・セシル・ピグー（Arthur Cecil Pigou, 1877～1959）。イギリスの経済学者。「厚生経済学」の創始者。マーシャルの基本的着想を継承・発展させて、国民所得の増大・分配・安定について研究を行う。著書に『厚生経済学』『失業の理論』など。

(6) ジョン・メイナード・ケインズ（John Maynard Keynes, 1883～1946）。イギリスの経済学者。『雇用・利子および貨幣の一般理論』（1935～1936）において、不完全雇用のもとでも均衡が成立しうるとした。完全雇用の理論として、産出高は消費と投資とからなるという有効需要の原理をもとに、有効需要の不足に基づく非自発的な失業の原因を明らかにした。

(7) ゲーリー・スタンリー・ベッカー（Gary Stanley Becker, 1930～）。アメリカの経済学者。シカゴ大学ではミルトン・フリードマンに学び、現在、シカゴ大学教授（価格理論）。1970年代には、ジョージ・スティグラーとともに価格理論による嗜好の表現方法を洗練し、経済における活動の分析のみならず、人々のあらゆる行動を合理的な選択の結果として示せることを提唱した。

(8) アマルティア・セン（Amartya Sen, 1933～）。インドの経済学者。哲学、政治学、倫理学、社会学にも影響を与えている。アジア初のノーベル経済学賞受賞者（1998年）。ミクロ経済学の視点から貧困のメカニズムを説明した。

4 経済発展が文化に与える負の影響

経済発展による画一化

　文化を広義でとらえた場合、経済発展は地域固有の文化を崩壊させる側面をもっている。経済発展は一般に市場化の過程である。市場化・市場の拡大は工業化の過程では大量生産・大量消費による生活様式の画一・普遍化であるので、地域固有の生活文化を排除することになる。

　市場での販売シェアを拡大したい企業は広告宣伝で巧みにその企業の製品を売り込むために、消費者に地域固有の生活様式を捨てさせる。もちろん、工業化の過程で生み出され、市場で一般に販売された様々な商品の大半は人間生活を豊かにするのに寄与したと思われるが、過度の画一化・普遍化は、やはり人類が築き上げてきた貴重な地域の生活文化を破壊することになる。

　その結果、人間生活の豊かさにとっては負の効果になりかねない。すなわち、過度な商業主義は地域の豊かな生活文化を破壊するわけである。そして、消費者は自立性を失い、結果として自立的に生活を豊かにする能力と手段が奪われることになる。

　市場の激しい競争にさらされる企業は、自己の経営に関しては徹底的に合理化を試みようとする。しかし、消費者が合理的であれば財布の紐を引き締めるために販売戦略上は好ましくない。したがって、企業にとっては消費者がいつまでも気前のよい「浪費家」であってほしいことになる。

　消費者が生活を市場に頼るのを控えて自立化を目指すことは企業の生死に関わるため、企業は様々な手段を使って消費者を企業の「言いなり」になるように仕向ける。そして、企業の戦略が功を奏すると、築き上げられてきた生活文化が破壊されることになる。近年、イタリアに始まった「スロー・フード運動」や「スロー・ライフ運動」は商業主義への反発であって、地域の伝統的な生活文化を守ろうとする一面をもっている。

第6章 文化的修練の重要性——文化経済学の視点　131

▲ 幸福のパラドックス

　一般に経済発展は、人間の行動の選択範囲を広め、自由度を高め、人間の幸福を増大させると言われている。しかし、最近、このことに関して大きな疑問が提出されている。60に及ぶ世界各国のデータによると、経済が成長して所得が増えても幸福度が高まるとは限らないとされている。これは「幸福のパラドックス」と呼ばれている。

　図6－1では、横軸に一人当たりGDP（2008年ドル建て）を、縦軸に9段階で評価した満足度（主観的）を示しているが、ほとんど相関がないことが表れている。

　図6－2は日本の時系列データで、もっとはっきりとそのことが表れている。

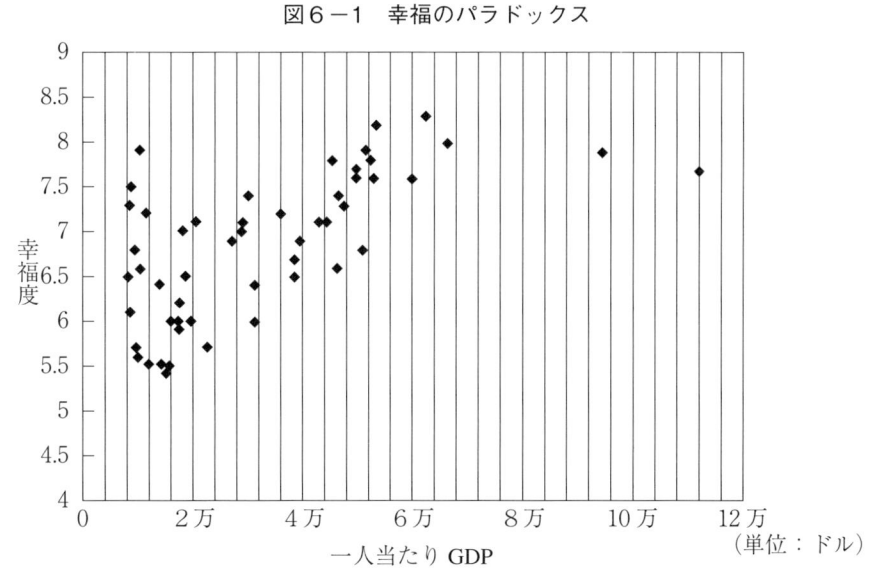

図6－1　幸福のパラドックス

出典：幸福度は、10段階の主観的幸福感の 2001年から 2008年の平均値。Veenhoven, R., World Dtatabase of Happiness, Distributional in Nations, Erasmus University Rotterdam. Available at: http://worlddatabaseofhappiness.eur.nl. 一人当たり GDP は、2008年ドル建て上位 60か国のデータ。IMF：*International Financial Statistics*, 2010年4月）。

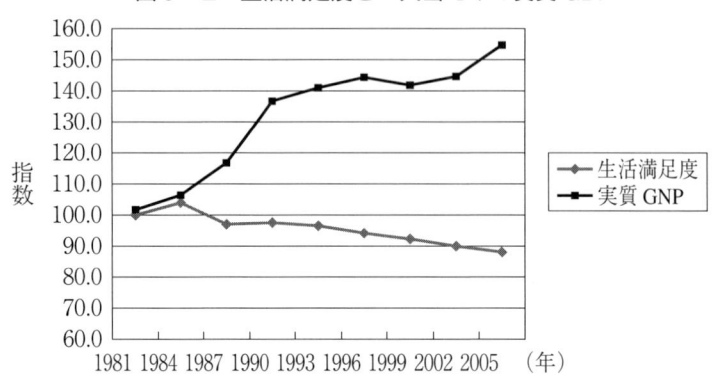

図6-2　生活満足度と一人当たりの実質GDP

出典：厚生労働省『国民生活白書　平成20年版』をもとに、生活満足度と一人当たりの実質GDPを1981年を基準年とした指数で表した。

1981年から生活の満足度はほとんど変わっていない。それどころか、少し下がり気味である。しかし、25年間で実質所得は1.6倍になっている。このような現象をどう説明したらよいのだろうか。様々な解釈があるが、ここでは文化経済学的な視点から解釈したい。

　経済が未発達の時は、前節に挙げた❷の場合が生じる。すなわち、経済力の上昇とともに文化力も向上して、人々の幸福感を相乗的に押し上げる。しかし、経済が発展してくると❸の場合が生じる。文化力の低下が起こり、その低下が経済力の上昇を上回ると生活の豊かさが低下して幸福のパラドックスが生じる。

　経済成長によって教育や文化芸術に力を入れる経済的な余力が人々に生まれることで文化力が向上することは想像できるが、経済成長が文化力を低下させるということについては説明がいる。そのためには、「幸福」について考える必要があろう。

▲ 二つの幸福観

ブルーニとポルタ（Luigino Bruni & Pier Luigi Porta）が著した『Handlook on the Economics of Happiness』（2006年）によれば、西洋思想史においては幸福観について次の二つの流れがあるとしている。

❶ヘドニズム（快楽主義　効用主義　ベンサム派）：「幸福とは快楽と苦痛の差にある」

❷ユードノニズム（アリストテレス）：「幸福とはよき人間関係にあり、富はそれを実現するための手段であり目的ではない」

ヘドニズムの功利主義的な幸福観は伝統的な経済学と関係が深い。人は、苦痛・不快・犠牲（費用）をできるだけ小さくし、快楽・便益（利益）をできるだけ大きくしようとする。その差の大きさが満足の大きさになると考える。ビアンチ（Marina Bianchi）は『If happiness is so important, why do we know so little about?』（2006）において、この幸福観から幸福のパラドックスを説明するために、幸福を追求する人間の活動を次の二つに分けた。

❶防衛的活動——苦痛の排除、快適・便利さの追求——▶日常的・惰性化する、飽きる。

❷創造的活動——快楽（楽しいこと）の追求、惰性化しない、飽くことがない。

経済的活動がもたらすものは防衛的活動に属する便益であって、普及することによってその効用が減少する（広い意味での限界効用逓減の法則が働く）ものである。例えば、ひと昔前までは携帯電話は貴重なものであったが、今は当たり前のものになり、持たない場合は不便を感じるようになっている。次から次へと生活を便利にするものがつくられるが、最初はその便利さに感激しても、長く使っていると当たり前になってありがたみを感じなくなる。そして、それを失うと苦痛になるので、それを得るために所得を稼がざるをえなくなる。結局、所得は増加しても生活の満足感は向上しないことになる。

一方、ユードノニズムの幸福観からは、仲のよかった兄弟が親の遺産をめぐ

っていがみ合うことがあるように、富を得るために経済活動にいそしむあまり人間関係を損なうことが幸福のパラドックスにつながる。よい人間関係を築くかどうかは、倫理や道徳あるいは宗教などと密接に関連しており、深く文化に根を下ろした事象であると言える。

▲ トレッドミル効果

一方、次から次へと便利なものに追われて一向に幸福感が向上しない状態は、トレッド・ミル（ランニングマシーン）に陥っていると言われる。フレイとシュチャー（Frey, B.S. & Stutzer, A）が著した『*Happiness and Economics*』（2002年）という本によってこのプロセスをモデル化すると、次のようになる。

主観的な幸福感を（H）、取得水準を（Y）、トレッドミル効果を表す指標を（A）として、主観的幸福感関数を「$H=H(Y, A)$,」と表現することにしよう。所得（Y）が上昇すると主観的幸福感（H）も上昇するが、その所得の上昇ほどは増加しない（所得の限界効用逓減）。トレッドミル効果が働くと、主観的幸福感関数（$H=H(Y, A)$）そのものを下方にシフトさせることになる。

この関係より、幸福のパラドックスの発生は図6－3のように表すことができる。図では、本来ならば所得が Y_1 から Y_2 に増加すれば幸福感が H_1 から H_2 に上昇して安定するはずであるが、A_1 から A_2 へのトレッドミル効果によって主観的幸福感関数は下方にシフトし、所得増加の影響が打ち消されることになる。

このトレッドミルから脱却するには創造的な活動に着目する必要がある。創造的な活動とは、積極的に快楽や楽しみを生む活動、つまり芸術・文化やスポーツなどに参加することで、現代このような文化産業に対する需要が高まっている。

▲ GDPパラドックス

経済力の測定には、よく衆知のGDP（ある国の国土内で一定期間の生産活動の結果産み出された最終生産物の価値あるいは売買された交換価値）が使わ

図6-3　トレッドミル効果

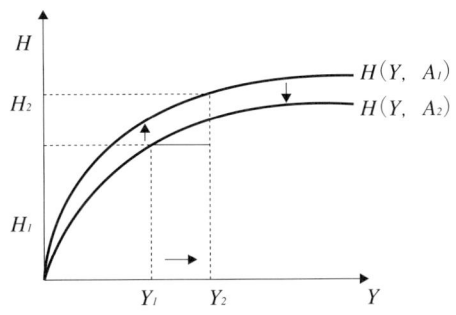

H
H_2
H_1
$H(Y, A_1)$
$H(Y, A_2)$
Y_1　Y_2　Y

出典：駄田井（2009）480 ページ。

れる。GDP は一国の生産活動を測るものとして一般に使用されているが、問題点がある。それは、基本的に市場で取引されたものが計上されるが、市場で取引されないものはいかに生活に役に立つものであっても計上されないということである。ちなみに、自給自足では GDP は「ゼロ」になる。

　主婦がパン屋でパートタイムとして働いた労働は店の人件費として支払われるから、当然、GDP に含まれる。しかし、主婦が家庭でパンをつくった場合、パンの材料となる小麦粉やバターなど材料は店から購入しているので GDP に含まれるが、パートタイムという労働の交換関係が生じていないため、主婦のパンづくりという労働は GDP には含まれないことになる。

　その一方で、本来ならば生産されないほうがよいものでも、市場で取引されると GDP に含まれることになる。例えば、公害で喘息が広まるとその治療費が GDP を高めることになる。ほかの条件が一定なら、例年になく冬寒く夏暑い年は、そうでない場合と比べて GDP を高めることになる。

　このように、GDP は生活の豊かさを測るものとするよりも、生活を豊かにするための費用であると考えたほうがよい。一般に高い費用をかけたほうが高い満足を得るが、必ずしもそうとは言えない場合がある。国民の生活の満足度が同じなら、GDP が低いほうが望ましい。言うまでもなく、安い費用で同じ効果を得られているからである。

5 文化資本論、文化の振興が経済を活性化する

▲ 第5次産業と文化力

　工業化による経済成長によって物的な豊かさが実現されると、人々の欲求は文化的・社会的なものに重点が置かれることになる。世界の先進経済国では、第3次産業が就業者の割合でも付加価値でも60％を優に超えている。いわゆるポスト工業社会の到来である。

　第3次産業の肥大化は、従来の産業3分類法では実態を把握できなくなっていることを示している。従来の第3次産業のなかで今後伸びてくるであろうと予想される分野としては、「研究開発」、「教育」、「医療・福祉」、広い意味での「レジャー」などの分野である。これらの分野は「人間の能力を洗練・強化する」ことに関わるため、第5次産業と位置づけることができよう（第3章参照）。

　これらの分野は、明らかに広い意味でも狭い意味でも文化に密接に関係する。これらの振興には、実物資本の蓄積よりも人的資本を含めた文化の蓄積が必要であり、その意味では文化は資本であるとの認識が成り立つ。

▲ 文化力の外部経済効果

　これまでは文化力の富を幸福に転換する側面を考えてきたが、逆に文化力が富を生む能力、すなわち第3節で述べた❹の場合（129ページ）について考えてみる。

　一般に、ビジネスで成功する人は、広い交友関係・人的ネットワークをもっている。良好な人間関係がなければビジネスで成功しないわけで、倫理や道徳が重要となり、社会が経済的に発展するためにも、この面におけるソフト力・文化力がなければならない。そして、治安が悪かったり社会に信頼関係が成立していない場合にはビジネスはうまく展開しない。

現代では、さらに地域のもっている文化力が経済発展に欠かせなくなっている。さらにまた、ポスト工業化社会では、サービスの提供を主とした第3次産業が大きなシェアを占めており、特に都市になるほどこの傾向が著しい。

　サービスは、サービスの最終需要者に直接対面することで提供できる。工場で生産した商品を輸送して最終需要者に届ける製造業とは、この点で基本的に異なる。したがって、サービス業が成り立つためには人が集まらなければならない。地域への居住人口が増加しなければならないし、それが無理ならば交流人口を増やさなければならない。すなわち、都市でも地域でも人を惹きつける魅力がなければサービス業が発展しないし、ひいては経済的な繁栄もない。都市や地域が人を惹きつける力は、究極には文化力でしかない。

　ポスト工業化社会の今日にあって、経済の主流はモノづくりそのものというよりも情報や知識あるいはサービスに移ってきている。実際、都市の経済活動の80％以上を超す勢いとなってきている。つまり、これまでの手で触って目で見ることのできるモノづくりから、目には見えないもの、情報やサービスといったものにそのウエイトが移ってしまっていることに気付かなければならない。

　モノは、製造の現場に消費者がいなくてもいい。生産されたものは、メーカーの工場から離れ、卸売業者あるいは小売業者の手を経て消費者の手にわたるので、製造現場には必ずしもアメニティ（魅力）の高い環境があるとは言えない。さらに、製造現場（工場）は生活空間とは異なるから、暮らしやすいとは言えない。

　サービスのほうはどうだろうか。基本的に、サービスはお客様と常に接触しておかなければならない。つまり、サービスの提供者とそのサービスの受益者は常に近いところにいるということである。もっとも今日では、特に若い消費者の買い物行動においては、音楽や書籍あるいはちょっとしたファッショングッズなどのように、インターネットを介してバーチャル空間で買い物をすませる傾向が見受けられるようである。

　都市というのは人が集らないと成り立たない。そのためには、人を惹きつける魅力が必要である。それは何よりも、都市のもつ文化力（ソフト力）の蓄積が存在するかどうかによる。そういった意味では、田舎も文化力をもっている

夜神楽。写真提供：須川一幸氏

唐津くんち。写真提供：伊東秀明氏

と言えるのではないだろうか。

　今日では、国内外のパッケージツアーに飽きた観光客が、田舎の文化力を背景とした観光ツアーに目を向け始めている。例えば、地区によって舞が異なる宮崎の「夜神楽」はその例であろう。この「神楽」が残っている地域は、田舎のコミュニティの活性化につながっていると言われている。

　また、ちょっと話は違うが、佐賀県唐津市の「唐津くんち」などもその例として挙げられる。この「唐津くんち」を毎年楽しみにしている唐津市民のなかには、会社から命じられる転勤を「拒否」する人もいるとのことである。

6 非市場経済部門と文化

▲ 文化力の向上と経済力の低下

$$人間生活の豊かさ＝文化力 \times 経済力$$

　上記の式を見れば、人間生活の豊かさが一定であれば、文化力が高まればそ

の分経済力が低下することになる。おそらく、高齢になればなるほどモノの豊かさを追求することに貪欲にならなくなるだろうし、生活文化の知恵やノウハウも蓄積してきているだろう。さらに、文化的な楽しみを求める傾向が強くなるだろう。したがって、社会が高齢化すれば文化力が向上して経済力が低下することになる。

　上の恒等式関係では、モノの豊かさが経済に関係するとして、あまり深く考察することなく経済力に置き換えた。しかし、モノの豊かさと経済力の間には議論しなければならない問題がある。それは、市場部門と非市場部門、そしてストックとフローなどに関してである。

　一般に、経済力といった場合には、交換能力すなわち市場価値で評価できるものがどれほど豊富であるかとされている。そして、どちらかと言えば、フローに関して言われることが多い。言い換えれば、GDPと比例するように考えられる。

　一方、文化に関する活動や前述した第5次産業に関する活動は市場に乗りにくく、ボランタリーな活動によって支えられることが多い。したがって、今後の傾向としては、人間生活は一層豊かになるが、経済力が低下することもありうると言える。しかし、市場に頼らなくても人々が豊かに暮らせるならば、人々は人間の夢を実現する事業に積極的に挑戦でき、結果的にはイノベーションが成し遂げられ、経済的な繁栄をもたらすことになるかもしれない。

7 幸福のパラドックス再考

▲ ユードノニズムと幸福のパラドックス

　人間の幸福はよき人間関係にあるとした時、何故幸福のパラドックスが生じる可能性があるのかということを考えてみよう。これは、人々がユードノニズム（本章の第4節を参照）の原理に反して行動する場合と、その原理に従って

行動した場合とに分けて考える必要がある。まず、前者の場合から考えることにする。

ユードノニズムでは、富はよき人間関係を築く手段となるが目的ではない。幸福のパラドックスは、富が目的となった時、あるいは次善の目標として明解に意識された時に生じる。例えば、前述したように、仲のよかった兄弟が親の残した遺産のために争うことなどがその例である。

このような個人的な事情もさることながら、重要なのは富を目的化することが社会的に制度化されている場合である。事実、現代社会は、この「富の目的化」が色濃く制度化されている。この制度化によって人々がユードノニズムの原理を理解していたとしても、富を獲得するために人間関係を犠牲にせざるをえなくなる。そして、富の目的化は、市場経済の成長に応じて制度化されていく。

市場は開かれた匿名的な世界であり、そこではすべてのモノが価格という単一の指標で評価されている。高価格のモノが価値が高く、人間も同様に、高所得であればあるほど社会的に評価される。

社会的に高い評価を受けることはよき人間関係を築くことにつながるが、高い所得（利潤）を得る過程は必ずしもそうではない。より多くの所得を得るために、競争に勝ち抜くプロセスで人間関係をそこねてしまうと、結果として高所得が得られたとしても幸福感は得られない。そして、競争に負ければなお悲惨な状況が待っている。

「富の目的化」は、経済成長の達成という政策目標として制度化してきた。そして政府は、経済成長を国民福祉の増大という目的から実現しなければならないとしてきた。経済成長を実現できない政権は選挙で敗北することになるし、何よりも景気が悪化すれば税収が得られなくなる。しかし、政府が目指さなければならないのは国民福祉の向上であり、国民の幸福の実現である。経済成長は、そのための一つの手段であって決して目的ではない。

経済発展のある水準まで、すなわち社会における市場化がある水準まで達しない段階で社会が市場を取り込んでいる状況では、経済成長と国民福祉は同方向に進んでいると考えることができる。しかし、社会が市場に取り込まれるよ

うになると、両者が同方向に進まなくなる。その結果、経済水準と幸福感にパラドックスが生じる。文化経済学の基本公式に則して考えれば、経済力の上昇が文化力を低下させ、結果的に幸福感が上昇しないということになる。

次に、ユードノニズムに則して行動した場合について考える。この場合も、二つのケースに分けて考える必要がある。一つは、人間関係を重視する結果、経済成長が犠牲になる場合であり、もう一方は良好な人間関係がむしろ経済成長によい影響を与える場合である。文化経済学の基本公式に則して考えると、前者は文化力の向上が経済力を低下させることになるが、文化力の向上が経済力の低下を補えば幸福感が高まって幸福のパラドックスが生じる。後者の場合は、文化力の向上が経済力をも強めるので幸福のパラドックスが生じない。しかも、経済成長以上に幸福感が高まることになる。

▲ ヘドニズムと幸福のパラドックス

財サービスの使用がもたらす満足（効用）が人間関係を除いた富だけの関数であるとしても、その富も多様である。広く解釈すれば、人間がつくり出した経済的な富だけでなく、天然資源は無論のこと生態や自然環境をも含むことになる。これは、価格がつくもの（経済財）とつかないもの（自由財）として分類される。

人間の満足度は経済財だけでなく自由財にも依存するので、全体としての富が増加したとしても、両者のバランスが崩れたら満足度が低下する。一般的には、経済財の増加が自由財を減少させる可能性がある。通常、われわれが富として意識するのは経済財であるので、この場合、幸福のパラドックスの原因になる。

富の概念を経済財に限定しても、私的に所有する私有財と共有される公共財がある。人間の満足度合は両者に依存する。例えば、立派な自動車を所有しても道路がなかったら宝のもち腐れである。逆に、立派な公共の建物があっても使用する機会がないとまったく意味がない。したがって、経済財全体が増加したとしても、両者のバランスが崩れたら満足度は低下し、幸福のパラドックス

が生じる可能性が発生する。

　最後に、富を私有財に限定して考えてみよう。

　この場合、食料や燃料などのように使ったらなくなるもの（フロー）と、家、家具など使っても直ちにはなくならないもの（耐久財・ストック）がある。われわれの生活は両者の適切な組み合わせのうえにあって、両者のバランスが崩れたら、私有財全体が増加したとしても満足度は低下することになる。

　原則論としては、それぞれが与えられた経済的条件のもとで最適の選択を行っているはずなので、満足度が低下することはないはずである。しかし、幸福感となると短期的な満足度ではなく長期的な合理性に関係する。そして、現実の価格体系が長期的な合理性を実現するものになっている保証がなく、与えられる情報（広告・宣伝）も中立的なものではない。

　また、ヘドニズムでは、幸福は個人的立場から規定されて、一見すると人間関係には関係しないように見える。しかし、快楽と苦痛の内容を考察すると、結局は幸福が人間関係に還元されていくように思える。このことから、幸福のパラドックスが生じる要因がある。

　周知のように、ベンサムは快楽・苦痛を詳しく分類して考察したが、快楽を求め、苦痛を避けるという幸福の追求行為について活動という面から大別すれば、前述したように「防衛的（defensive）」なるものと「創造的（creative）」なものになる。この特色を諸関連の概念と対比して整理すると**表6－1**のようになる。

　防衛的活動から求められる基本財は限界効用逓減の法則が働くが、これは静態的なものと言うよりはトレッドミル（ランニングマシーン）効果によるものと考えるべきである。何故なら、人は限界効用が負になる飽和点を超えてまで消費しないからである。それゆえ、この場合、幸福のパラドックスが生じない。

　トレッドミル効果は、適応という心理的メカニズムによって生じる。先に挙げたフレイとシュチャー（2002年、pp.16～17）では、幸福を生み出す心理的メカニズムとして次の四つを挙げている。

❶**適応**（adaptation）——新しい環境に合わせて自分の主観的な幸福水準を調

表6-1 活動の区分

著者・項目	区分	
	防衛的（defensive）	創造的（creative）
ホートレー （1929）	苦痛や不快から逃れるための財・活動 休息、食料、家	積極的に快楽（positive-pleasure）を創造 スポーツ、ゲーム、困難な問題の解決 物的なものより、技術、知識、情報を必要とする
シトフスキー （1976）	便宜（comfort） ルーチン的、日常的 特別な技術不必要	楽しむ（pleasure） 時間が必要
費用	低い	高い
時間	短いほど良い	必要
限界効用逓減の法則 トレッドミル効果	働く	働かない
多くの著者	基本財（生活必需品+α） （basic goods）	非基本財（贅沢品・文化関連サービスなど） （non-basic goods）
産業（サービス）*	家事に準じるサービスの供給	人間の能力の洗練と強化

出典：Bianch, 2006, pp128-130、*は駄田井（1995）に基づく。

節する。上昇した生活水準に慣れるプロセスなどである。

❷願望（aspiration）――人々は自分の状況を評価するのに「願望水準」との比較で評価する。願望水準は所得の増加とともに増加する。

❸社会的比較（social comparison）――人々は、自分の主観的な幸福感を自分と関わりのあるほかの人との関連で評価する。これにより「相対所得仮説」が成立する。

❹能動的適応（coping）――不幸な出来事を乗り越えようとする人間の能力に関するものである。

「適応」より生じるトレッドミル効果は体験した便宜や快楽に基づいているので「快楽のトレッドミル」と呼べるだろう（Frey and Stutzer［2002］p.125）。一方、「願望」や「社会的比較」から生じるトレッドミル効果は、それが満た

されれば人々は満足するので「満足のトレッドミル」と呼んでよいだろう（前掲書、pp125～126）。

いずれにしても、所得が増加してもトレッドミル効果によって低下した満足度や幸福感を補填する役割しか果たせなくなり、幸福のパラドックスが生じることになる。

また、矢野眞和が著した『生活時間の社会学』（1995年）によると、豊かな社会では「経済成長（生産性向上）──→少ない労働時間──→自由時間の拡大」という連鎖によって時間的にゆとりのある社会であるはずなのに逆に時間にゆとりのない忙しい日々を送っているとし、「豊かさのパラドックス」が生じていると指摘している（32～33ページ）。この「豊かさのパラドックス」も、トレッドミル効果によるものである。

表6－1にあるように、防衛的活動に費やす時間は短いほどよい。したがって、人々はそれを可能にする財やサービスを購入しようとするためにより働くことになる。かつて自動車や家庭電化製品を購入して時間を節約したわけだが、それに適応するとさらに時間の短縮や便利さを求めることになる。そして、その結果、より高い願望水準や社会的比較の地位を求めて働くわけである。

8　持続可能な社会と文化

従来の立場、すなわち産業経済学の立場からすれば、第一に経済力を高め、その結果として文化力も高まり、人間生活を豊かにするという戦略になる。したがって、まず資金や人材を経済活動に投入することになる。一方、文化経済学の立場からは、文化力を高めることで人間生活を豊かにし、同時に経済力も高まるとしている。したがって、資金や人材を、文化力をつけるために投入することを主張する。

後者の主張は、環境の制約が厳しい現状では一層支持されるだろう。何故なら、どのような方法であっても物的生産を高めることは必ず環境に負荷をかけ

表6－2　文化経済学の特徴、従来の経済学（仮に産業経済学）と比較して

項　目	産業経済学	文化経済学
経済発展段階	工業社会	ポスト工業社会
豊かな生活の実現 ＝ 経済力×文化力	経済力→文化力 文明	文化力→経済力 文化
地域性	地域特性の無視 普遍性 グローバル化	地域性・個別性 ローカル　場所性 従って、環境、観光のテーマは文化経済学に
分析・方法論	理論的・抽象的 方程式的 一般理論から具体へ	具体的・事例的 ケーススタディ 鶴亀算的 具体的事例の整理・帰納までいかない
社会制度・構造への関与 理・法（正義）・情 （土台・骨格・装飾）	理・法（正義） 社会科学的 何が正義か・正義の普及 演繹的正義論 社会契約説	情の世界・難解 人文科学 正義と正義でないものの間に広大なグレイゾーン 正義でないものの拒否 文化相対主義的正義論（場所における持続可能性）
販路・マーケッティング	市場（匿名的世界） 規模の経済性 範囲の経済性	ネットワークの経済性 地縁・血縁・テーマネット 顔見知り
組織	階層的・ピラミッド 縦割り	アメーバ的 ネットワーク組織
ルール・規律	法・social 公的機構　行政	自律的・public NPO
顧客への対応	サービス・画一性 コストに見合った顧客満足 （ビジネスホテル） 消費者は無知が良い	ホスピタリティ 個別的対応でのコストを無視した中での戦略性 顧客との感動の共感 （一流ホテル） 消費者の享受能力を重視
生活態度 遊・学・仕事	分離 労働（labor）は苦痛	一体化 仕事（work）は苦痛でない

出典：駄田井（2006）633ページ。

ずにはおかないからである。そしてまた、地域文化の振興は社会を多様化する。この多様性は持続可能な地域づくりに欠かせないものである。というよりも、多様な社会は持続可能な社会と同義語であると言ってもよいぐらいである。

　多様性を前提とすると、普遍的な法則性を意識してきた従来の経済学と比較した場合、様々な点で分析手法や視点の相違が出てくる。それは**表6－2**のように要約できる。また、このような文化経済学の方法論に立脚すれば、次のような研究課題が導かれる。

　第一に、文化力の概念の考察である。文化力に関して適切な定義を与えることも重要であるが、その中身・内容を具体的な事例のもとに明らかにすることである。これは同時に、文化経済学の基本公式（豊かな生活＝文化力×経済力）を詳細に考察することであり、経済力の概念を確定することである。特に、経済力を「物的な豊かさ」に関連付けたことから次のようなことが問題になる。

❶**フロー量とストック量との関係**——経済力を、主にどちらの量と関連づけるかである。現実に生産されているものを重視するならフロー量になり、潜在的な生産能力ということから言えばストック量ということになる。後者の関係からすれば、潜在的な生産能力を実現できるかどうかも文化力の問題とすることになる。すなわち、安定的な経済運営や失業解消するための様々な社会的政策が有効性をもつかどうかは文化力だということになる。例えば、ワークシェアリングや育児休暇などにどれほど配慮されるかということも文化力の問題となる。
❷**消費財と生産財および生活基盤と生産基盤**——生産されたものは消費されて初めて生活の豊かさに結び付くので、物的な豊かさと関連させる経済力では生産財を考慮に入れるかどうかが問題となる。経済力を生産能力と解するならば、生産財を含めて考えなければならない。そして、その場合、どれだけ消費活動が重視されるのかは文化の問題だということになる。ストックとしてのインフラについても同様のことが言える。
❸**文明と文化の違い**——文化と文明を対比すると**表6－3**のようになる。したがって、文明の発展度合いは経済力と密接に関連するので、文化力に文明の度合いが強まると当然経済力と相関することになる。よって、文化力から文明的

表6-3 文化と文明の対比

出　所	文　化	文　明
鈴木（2000）18ページ	人間が集団の成員として後天的に習得し共有する行動、思考、感性の癖、ないしパターン。文化はここの人間集団に個性を与える要素足りえる。	人間の外的世界および内的世界に対する制御と開発能力の総体。制御と開発能力は、それに対するフィード・バック能力を含む。したがって、文明は普遍的で累積的である。
渡辺明（1999）43ページ	人間の精神的価値の成果。	技術の発展を中心とする物質的な面。
福岡（2000）219ページ	考えたり感じたりする知恵。	考えたり感じたりしないようにする知恵。
筆者	鶴亀算式。	何事も方程式で解こうとする。
川勝（1991）	人間集団の生活様式。	ある水準（農業革命・工業革命）以上に発達した社会の文化。

出典：駄田井（2006）639ページ。

要素を取り除いて経済力に含めるかどうかが問題になる。これは、文化資本の定義と関連させて論議されることになる。

　第二に、文化力が経済力に向上につながるルートの解明である。もちろん、文化力を高めることはそれ自体が目的として成立することであって、経済力を高める手段としてとらえることは本末転倒である。しかし、文化力が結果として経済力につながる可能性は見過ごすことのできない事実であり、そのルートを明らかにすることは必要なことである。

　文化力が経済力につながることが明瞭であれば、文化振興に社会全体が高い関心をもつことになる。すなわち、公共財や社会資本としての文化力が広く認識されることになる。そして、このルートの解明には、抽象的・演繹的な考察よりも豊富な事例に立脚した帰納的方法、もしくは事例の整理という方法をとるべきである。

　第三に、文化力を高めるための政策である。従来からの文化政策と関連することになるが、狭い意味での文化の振興に留まることなく、経済力との関連や環境問題・持続可能な社会形成という目的を意識したものになる。すなわち、

表6－4　ホスピタリティとサービスの比較（1）

ホスピタリティ	比較項目	サービス
直接性	インターフェイスの質	間接性
半効率性	合理性の境界	効率性
述語化	主体化ではない	客観性
1対1	対的表象を伴う	多（1）対多
非社会化・文化化	社会と文化の対象にこうむる	社会科・非文化
測定不可能なものへ＝不良設定	環境のとらえ方	測定可能なものへ＝良設定
計算が働いている 敵を友化する 友／敵の区別がない	戦略の質	計算が働いていない
（自己）技術化		（テクニック≒）マニュアル化
おお我が敵よ、 一人も敵がいない （ニーチェ）		おお、わが友よ、 一人も友がいない （アリストテレス）
失敗が問われる ＝利益が伴わないため損はない‐不平不満はない	〈いたらなさ〉の問われ方	責任が問われる ＝利益が伴うため損がある‐不平不満がある
80％でとどめる		100％をめざす
あなただけのもの		皆のため
（ほっとする）	うけた感情	（うざったい／むかつく）
知足（足るを知る‐limit）	満足に対して	不足（欠如‐scarcity）

出典：山本哲士（2003）10～12ページ。

社会の多様性をどう形成し、維持するかという視点に立った文化政策であるべきである。

　第四に、市場部門と非市場部門の関係である。前述したように、第5次産業に分類される産業の財・サービスは、営利を目的とする組織によって供給されるのにはなじまないものが多い。また、それらはボランティア活動で支えられる必要がある。そうすることで、質・量の充実が図られる。特に、これらの財・

表6−5　ホスピタリティとサービスの比較（2）

サービス	比較項目	ホスピタリティ
商品／交換	取引	資本／ホスピタリティ
等価交換	交換	不等価交換
計算可能	計算	計算不能
計数化／量化	表現方法	質化
合理性の効率化	合理性の性格	非合理の合理性
煩雑さがない、シンプル	特徴	煩雑になる、コンプレックス
非＜心―身体性＞	身体	心―身体性
分離	環境のとらえ方	非分離
非主体性―客観化	主観・客観	非客観化―述語化
画一体系化	システム	多元体系
機能的	運営	生命的
抽象的	指示	具体化
気遣いなし（面倒なし）	態度	気遣う（面倒）
非環境的	しつらい	環境的
場所非規定	設定	場所規定
価値体系	価値観	倫理
剰余価値生産	生産物	（場）生産
生産財／消費財の分離	再生産	関係の生産
最大利潤率	利潤	最適利潤

出典：山本哲士（2003）10〜12ページ。

　サービスは市場での取引のように匿名的な関係ではなく、顔の見える人間的関係（アダム・スミスのいう同感を保持した）を保った互酬的な交換によらなければならない必要もある。

　そのような意味で、山本哲士[9]は「資本とホスピタリティ」（2003年）という論文のなかでホスピタリティの重要性を主張している。また、「サービス」

---

[9] （1948〜）福井県生まれ。教育学博士。『消費のメタファー』、『デザインとしての文化技術』、『文化資本論』など、著書・共著多数。現在、東京芸術大学客員教授。

を無形の財という意味ではなく、それの提供の仕方、人に接する仕方という意味に解した時、ホスピタリティとの相違を表6－4のようにまとめている。

要するに、サービスは経済的価値の領域であるが、ホスピタリティは文化的価値の領域である。さらに、サービスではつくり出される商品を重視するが、ホスピタリティではそれが生み出される淵源（資本）を重視するという見方から次のような比較を得る（表6－5参照）。

おそらく、これからの経済社会は、ホスピタリティを人間関係の基本規範として個人的な権利は尊重されるが、個人を前面に押し出した社会関係ではなく、コミュニティやネットワークなどを形成することで運営されていくものと思われる。それが、持続可能な社会の形成につながるのである。

参考文献

- Bianch,M.（2006）,"*If happiness is so important, why do we know so little about?*", in Bruni,L and Porta,P.L.（2006,chapter7,pp.127-150）
- Binswanger. M（2008）*Die Tretmuchlen des gluchs, Wir haben immer und verden will gluchlicher, Was konnen wir tun?*, Verlag Herder GmbH.（小山千早訳『お金と幸福のおかしな関係――トレッドミルから降りてみませんか』新評論、2009年）
- Bruni, L. and Porta, P.L.ed（2006）, *Handlook on the Economics of Happiness,* Edward Elgar.
- Bruni,L（2006）"*The"technology of happiness" and the tradition of economic saience*", in Brune and porta（2006,chapter2,pp.24-52）
- Bruni,L and Porta,P.L.ed（2006）, *Handlook on the Economics of Happiness,* Edward Elgar.
- Frey, B. S. & Stutzer, A.（2002）*Happiness and Economics,* Princeton University Press（佐和隆光監訳・沢崎冬日訳『幸福の政治経済学――人々の幸せを促進するものは何か』ダイヤモンド社、2005年）
- Throsby, D.（2001）*Economics and Culture,* Cambridge University Press（中谷武雄・後藤和子訳『文化経済学入門――創造性の再生から都市再生まで』日本経済新聞社、2002年）。
- 池上淳（1991）『文化経済学のすすめ』丸善ライブラリー。

- 川勝平太（1991）『日本文明と近代西洋、「鎖国」再考』日本放送協会。
- 佐々木晃彦編著（1999）『文明と文化の視角――進化社会の文化経済学』東海大学出版会。
- 鈴木董（2000）『オスマン帝国の解体――文化世界と国民国家』ちくま新書。
- 駄田井　正（2006）「文化経済学の視点と方法」『産業経済研究』〈久留米大学〉第47巻第2号、229〜252ページ。
- 駄田井　正（2009）「幸福のパラドックスと文化経済学の視点」『産業経済研究』〈久留米大学〉第49巻4号、459〜485ページ。
- 林周二（1984）『経営と文化』中央公論新社。
- 福岡賢正（2000）『楽しい不便』南方新社。
- 宮島喬編（1995）『文化の社会学』有信堂。
- 矢野眞和（1995）『生活時間の社会学――社会の時間、個人の時間』東京大学出版会。
- 山内　昶（2005）「ホスピタリティの語義論」『季刊iichiko』第86号、6〜23ページ。
- 山田浩之（1999）「文化産業と地域社会」池上淳・植木浩・福原義春（編）『文化経済学』有斐閣、所収。
- 山下惣一（1988）『身土不二の探求』創森社。
- 山本哲士（1999）『文化資本論』新曜社。
- 山本哲士（2003）「資本とホスピタリティ」『季刊iichiko』第80号、10〜12ページ。
- 山本哲士（2006）『ホスピタリティ原論――哲学と経済の新設計』新曜社。
- 山本哲士（2010）『ホスピタリティ講義――ホスピタリティ・デザインと文化資本経済』文化科学高等研究院出版局。
- 渡辺明（1999）「進歩する科学技術と文明文化考」（佐々木晃彦編著『文明と文化の視角――進化社会の文化経済学』東海大学出版会、第3章所収）。
- 渡辺通弘（1999）「文化哲学と文化システム」（佐々木晃彦編著『文明と文化の視角――進化社会の文化経済学』東海大学出版会、第6章所収）。

付　言

　本章は、主に駄田井（2006、2009）に基づいて書かれている。
　文化と経済の関係については、経済の国際化に伴って各国の文化のもつ特色が経済成長（主に工業化）にどのような影響があるかの議論が主であった。このことに関しては、林周二（1984）を参照されたい。
　文化経済学のテキストとしては、Throsby（2001）と池上淳（1991）を見られたい。
　ホスピタリティの総括的議論については、山本哲士（2010）を見られたい。

第7章
共同的・非官僚的・多様な社会的組織

筑後市のコミュニティバス。コミュニティがバスを管理運営し、住民の足を確保しているが、同時にコミュニティ再生の足掛かりになっている。写真提供：筑後市役所

> 工業社会の特色である「集中・画一化」に適合したピラミッド型の社会組織は、ポスト工業化とともにあわなくなり、分散的ネットワーク型の組織に転換していかなくてはならなくなる。これは、市場の形態、政府のあり方、そして企業の性格も変更することになる。第5次産業の発展とともに民間非営利組織の役割が増大する。

1 市場の失敗

▲ 自由か規制か

　経済の運営に関して、市場における自由な競争に任せたほうがうまくいくという考え方と、規制が必要である、あるいは公的機関からの計画誘導が必要であるという考え方がある。しかし、人間の本性が「善」であるか「悪」であるかの本質論が不毛であると同様に、「自由」か「規制」の本質論的な議論も不毛である。そして、自由を弁護する基本的な要点は、「自由に任せてうまくいくのなら、自由に任せたほうがよい」である。何故なら、自由に任せてうまくいけば経費がかからないからである。

　この場合、重要なのは、自由に任せうまくいくのかどうかが具体的に論証されなければならないことである。「自由に任せてうまくいく」ということがドグマであり、イデオロギーであったりしてはならない。

　一方、自由に任せてうまくいくという保証がないので、すべてを規制するというのも明らかに間違いである。規制しないと何故うまくいかないかについての具体的な論証と、規制の方法についての具体的な検討が必要となる。間違った規制を実施すると、自由に任せるより悪い結果が出る可能性が大となる。

　自由か規制かを経済の現象に限って論じると、一般に自由主義論者は、市場調節能力を信頼し、市場に任せてできるだけ規制しないことを主張する。市場は、需要側と供給側という相対立した利害関係者を財・サービスの価格に情報を集中させながら調整し、望ましい状況に至ると考える。この望ましい状況というのは、需要側も供給側もとりあえず満足し、この状態を変更しないという均衡状態のことで、その意味で資源配分が効率的であるとする。

　しかし、この概念での効率性では、社会的な厚生基準から考えられる望ましい状況とは必ずしも一致するとは限らない。さらに、独占禁止法や証券取引法など、市場に期待した望ましい状況を実現するためにも規制が必要となる。具

体的に、市場が生み出す不都合について考えていこう。

▲ 市場のメカニズム

　市場経済は、様々な情報を価格情報という量的単位に一元化する方向にある。しかし、そのために必要とされる様々な情報が切り捨てられる。商品にまつわる情報や人々の活動記録は、市場の取引においては残されていない。

　現在は市場（しじょう）という言葉を使って表されているが、かつて市場というのは、人間の交換の場という「市場（いちば）」とか「〇〇市」とかと言われ、単にモノの交換だけではなく人々の交流の場でもあった。そして、交流しながら様々な情報交換を行ってきた。

　それが現在、そういう交流の場ではなくなってしまい、単にモノを売る場になってしまった。その一例がスーパーマーケットであろう。ひと昔前の百貨店には、最新の流行とか文化を発信するなど情報交換の場があったわけだが、いまやスーパーマーケット化してしまった。そしてそのなかでは、非常に大事なもの、あるいは重要な情報が失われている。

　売るほうにとっては価格だけが勝負だから、消費者があまり詳しい情報を知らないほうが都合はよい。劣悪なものでも見かけだけをよくして安い値段で売るとなると、それを買わされた消費者は「安物買いの銭失い」という結果になる。

　最近、商品の実相と記号化された情報との誤差が生じてきている。この誤差が分からなくなった時に価格情報への不信感が出る。例えば、生産地を偽装したり、品質を偽装して売るというケースのことである。先ほど述べたように、生産者にとっては、基本的には消費者が詳しい情報を知らないほうがより売りやすいということなのだ。そして、後日、これらの偽装が発覚するまで、消費者はこれらのモノを買い続けることになる。

　人生において本当に大切なものとは、市場で取引されるものではない。となると、人間にとって重要かつ大切なものである医療や教育は、お金で取引されるものではないということになる。とらえ方をもっと広げれば、食糧という人

間の命に関わるものも、本来市場で取引されるべきものではないということになる。

　人間生活を行うにおいて大切なものが市場の取引に任せられているということが、われわれの生活にとって問題となっている。「アメリカ経済を総点検すればするほど、市場での自由競争がアメリカ人を非常に不幸にしてきた」というようなことを言っている人がいるが、市場とは本来そういう性格をもっているものなのだ。

　一般に、市場経済の基本的となる前提は次の三つであると言われている。
　❶情報を伝達する。
　❷利害を調整する。
　❸資源を有効に配分する。

　情報の伝達については、前述したように、情報を一元化していくことによって本当に重要な情報が市場のなかで失われてしまう可能性がある。

　利害の調整に対して言うと、自由競争が行われている工業社会では規模の経済性が働くので、市場での企業間競争に勝つことによって巨大化が出現する。そして、巨大な企業ほど市場に勝つことになり、雪だるま式に利益を得ることになる。その結果、富の分配の不平等が生じ、負けた企業は永遠に立ち上がることができなくなる。そのうえ、ますます市場への参入障壁が高くなって寡占化あるいは独占化が進み、それがまた富の分配の不平等を加速化させる。

　次に資源の有効配分に関して言うと、市場経済では私的な利益と社会的な利益の乖離が生じる可能性がある。市場経済は私的な利益を追求する場であるが、それが理由で社会的利益に相反する可能性が出てくる。

　ある発明家が切れ味が悪くならないカミソリを発明し、それを企業に売りに行ったが取り合ってくれなかった。切れ味のいい長持ちするカミソリは、資源の有効利用という観点から考えれば社会的利益に合致しているのだが、企業はそれをつくらないという。何故かというと、そのような切れ味がよく長持ちするカミソリをつくってしまうと、消費者は二度と買ってくれないから儲からないのだ。

同じように、自動車でも家電でも長持ちするものは困る。例えば、自動車であれば燃費性能や安全性の向上などが追求されてしかるべきだが、機能性は大して向上していないにも関わらず、モデルチェンジの名のもと、ただ単に車体のデザインを変えただけのケースもある。家電も同じで、電気冷蔵庫などは引き手を横につけるか縦につけるかについて何年にもわたって研究開発を行い、その分の開発コストを購入価格に上乗せしている。

　大量生産した商品を市場で売りさばくために、テレビや新聞、雑誌などのマスメディアを活用して大規模な宣伝・広告を行い、消費者はそれによって商品購入の選択基準としている。アメリカの経済学者ガルブレイスはこれを「依存効果」と呼び、消費者に合理的な判断をさせなくしているとした。その結果、私的利益と社会的利益は乖離する。

　長い目で見て、社会的利益をもたらすものは市場経済には乗りにくい。これが、公共事業のように政府が介入してくる理由である。100年、200年の年月をかけて初めて採算が取れるようなものは市場では取引されない。環境問題で言えば、長い目で見たら環境によいことを実行しなくてはならないが、もし環境によいことを行えば短期的な利益は上がらない。

　例えば、お茶やジュースの入った缶やペットボトルのデポジット制の実施が騒がれても、なかなか企業側は乗ってこない。言うまでもなく、長い目で見ると環境によいことだが、それを実行することによって目先の利益が少なくなってしまうからだ。

　例えば、今はスタットレスタイヤが普及しているが、かつては釘を入れたタイヤだった。雪が降っている時はいいが、雪が降らない時は道路を削ってホコリを舞い散らしていた。スタットレスタイヤが発明されていたにも関わらず、なかなか切り替えられることがなかった。何故かというと、釘を打っているタイヤの生産ラインの減価償却が終わっていなかったために企業が切り替えに二の足を踏んだのだ。切り替えると新たなコストがかかって儲からないわけである。

　長期的に考えたらよいことでも、現在の状況をふまえるとなかなか実行に移せないという様々な問題を市場経済は抱えている。

2 政府の失敗

▲ 市場の失敗と政府の市場介入

　市場の欠陥を補うために政府が介入しなければならないが、政府自体が常に合理的な決定をするとは限らず、果たしてうまく機能するのかという問題がある。例えば、政府に福祉サービスなどを行わせることは、フランケンシュタインに庭仕事をやらせるようなものだ、と言った人がいる。つまり、人々の多様なニーズに合わせることができず、キメの細かささに欠けるという意味である。不公平があってはならないという建前のもとに仕事を画一的に実行するので、そういうことになる。

　議会による様々な縛りもあるので特に民主的な政府は動きが遅く、また政府自体がもっているピラミッド組織の欠陥というのが如実に出てくることになる。政府が行う場合、失敗は許されないという恐怖感が先に来るためリスクを負わないように実行方法を考える。リスクを負わないということは、可能な限り危険性を少なくするためにコストがかかるということになる。

　本来、税金を使って行う政府施策には責任があるわけだが、実際やっていることは無責任なケースが多く、責任の明確さというものをうかがうことができない。現に、失敗をしてもどこかの部署が責任を取ったという話はあまり聞いたことがない。選挙における人気取りのためだけに、しなくてもいい仕事をしていると感じる有権者も少なくない。2009年2月に行ったような定額給付金の配布、あれも無駄な話であると思う。

　選挙活動のために圧力団体の言うことを聞く。今回は民主党が事業仕分けという方法においてメスを入れたわけだが、これまでの公共事業の行き過ぎは、明らかにゼネコン・建設業界の圧力によるものであろう。そういう意味でも、政府の失敗が問われている。

ボランティア概念と第3の公益セクター

このような経過から、民間の非営利組織の活動が重要視されるようになった。市場で運営されて然るべきことも多々あるが、その一方で市場には任されないものがある。それを補完するのが政府の役割であるわけだが、政府だけに頼るわけにはいかない。そこに、民間の非営利組織の活動の余地がある。その理由として、以下の三つが挙げられる。

第一は、市場の失敗と政府の失敗の間に活動の余地が出てくるということである。そして第二は、産業分類のところで記述したが、これからの経済においては第5次産業が先端分野として重要となるからである。第5次産業には、営利を目的に運営することが適切でない事業が多い。教育、医療、福祉などは、誰が考えても営利を目的にしては困る分野である。

最後の第三は、民間の非営利組織であるNPO、NGOとかの活動には、ボランティア活動を取り入れることが可能ということである。ボランティアスタッフが加わることによって、組織が活性化されて効率的な動きができる。

「ボランティア」という言葉を日本語に訳すのは難しい。一般にボランティアは無償だと考えられているが、報酬のあるなしに関わらず、自主的に働くというのがボランティアである。労働の対価に相当するものだとか、ボランティア活動をしたことによってかかる経費などは貰っても構わない。

さて、英語の辞書でボランティアを引いてみたら「志願兵」となっていた。「道楽」と訳したらどうかとか、「お布施」と呼んでもよいのではないかなどと言われている。いずれにしても、ボランティアというのは誰かに命令されて強制的にやるものではないということである。

ちなみに、「お布施」という言葉には、僧侶に施すだけでなく、「人のために尽くす」という意味がある。例えば、困っている人に優しい言葉をかけるというのもお布施で、笑顔で人を気持ちよくさせるというのもお布施である。そう考えると、ボランティアは「道楽」とか「お布施」に近い言葉と言えるかもしれない。

人間が楽しんで活動するには、「遊びと学びと仕事が一体化」しているかど

うかが重要となる。三つが一体化している時に人間は一番力を発揮する。例えば、イチロー選手のようなスポーツ選手がそうであろう。彼らは仕事でイヤイヤ野球をしているわけではなく、好きでやっている。それゆえ、研究熱心で学びがある。したがって、ある程度ボランティア的な精神や遊びが入っていると思われる。このような姿勢が大事である。

　これからのサービス業では特にサービスの質が問われるので、三つの一体化がなければ質を高めることはできないであろう。マニュアル通りのサービスは決して面白くなく、顧客を楽しませるものではない。そこに遊び心があれば、面白く楽しく対応することも可能となる。人間もチンパンジーも、教えられるよりも遊んでいる時のほうが効率的に問題を解くと言われているし、教えられるよりも「盗む」といった表現法が「よく身に着く」という意味で使われることも多い。

　ボランティア精神は、この遊び・学び・仕事の一体化に欠かせないものである。したがって、これからのボランティア活動は、サービスの質や熟練度と関連して社会的な広がりを見せていくことになろう。また、ボランティアは、シェアウェア経済と結び付くとも言われている。「シェアウェア（share wear）」とは、「継続的な関係を保つに値する相手を選択する仕組み」と定義できる。つまり、「つながり」の継続によって経済を成立させるということで、ネットワーク社会には欠かせないものである。シェアウェアに必要な費用（料金）は編集料のようなものとなろう（金子・松岡・下河辺［1998］参照）。

　その意味では、今日のインターネットに類似しているかもしれない。世界を均一化する力をもつと同時に個人の力を伸ばし、多様な力をもつ。そしてそれは、伝統的な共同体におけるつながりとも似ていると言える。

　これまでに記したことから考えて、ボランティアの特徴をまとめると以下のようになる。

　　❶市場機構から距離を置いた有機的な存在である。
　　❷組織としてはヒエラルキー（階層的）になりにくい。
　　❸組織は権威者に管理されにくく、セルフガバナンス（自治）の原則で自らルールをつくる。

3 多様な社会的活動と組織形態

▲ NPO（Non-Profit-Organization）

　今日、わが国が抱える社会問題は複雑かつ多岐にわたっている。子育て、教育、介護、福祉、環境と、手を打たなければならない緊急の課題が山積となっている。しかも、これらの問題は、地域によってその事情が異なるために、政府の画一的な公共サービスや極めてスピード感を欠く縦割りの意思決定システムでは問題の解決が手遅れとなってしまう。そうかといって、収益性や効率性を追求する企業に任せるだけで、本当に社会や地域に必要とされるニーズが提供されるかどうかは分からない。

　これらの問題解決にあたっては、トップダウン型の組織ではなく水平型のネットワーク、例えば生物体（アメーバなど）の細胞分裂に類似した組織、あるいは「この指とまれ方式」の新しい組織が必要とされる。そして、組織のメンバー間の情報共有化、スピード感ある意思決定と実行力といったボランティア精神に根ざした組織が必要となる。

　今日で言えば、先ほど挙げたボランチティア活動や NPO・NGO といった非官僚的で共同的な組織、あるいは「社会的企業」と呼ばれるような組織が該当するであろう。

　それでは、NPO とはいったい何であろうか。NPO（Non-Profit-Organization）は、一般に「非営利組織」と訳され、何らかのミッションをもって組織的に活動をしている組織のことであり、ボランティアの利点を充分に活かしている。先にも述べた通り、「非営利」であるからといって活動によって得た収益を現在の活動資金に当てることには問題がない。

　金子などが著した『ボランタリー経済の誕生』によれば、NPO とは動的情報がそのまま組織になっているようなものであると言う。動的情報とは、定型的な情報ではなく、状況次第で変わりやすく、いつ発生するか分からないよう

な情報のことである。ただ単に「非営利」という視点だけではなく、解決を要する問題に対してメンバーたちが必要な情報を集め、この指とまれ方式に変幻自在に人材を結集して組織化し、ミッションを遂行していく。ミッションが終われば残務整理をして自然解散し、新たな情報の発生や関心のあるテーマが生じるまで、それぞれのメンバーは普段の日常生活に戻る。

このような組織は、まさに情報ネットワーク時代にふさわしい組織である。また、別の観点から見れば、このような組織は細胞分裂を行う生命体に似ているとも言える。ボランティアとNPOの違いを挙げるとすれば、ボランティアは活動とか人にウエイトが置かれているのに対して、NPOは何らかの使命をもち、「組織にウエイトがある」と言えるかもしれない。

ところで、一口にNPOと言っても、国内を中心として活動を展開するNPOもあれば、海外に目を向けて国外活動を行っているNPOもある。例えば、特定非営利活動法人「国境なき医師団 日本」がそれである。国境なき医師団は、「中立性」、「公平性」、「独立」という理念を掲げ、諸外国で本当に医療支援や人道支援を待つ人々に対して、いかにして迅速に活動を展開していくのかと苦心しながらその使命を遂行している。

社会の諸問題は日ごと年ごとに増えてきている。しかも、先にも記したように、問題は地域の状況によって異なることと、今日の財政負担の問題とも相まって各地方自治体が単独で問題解決にあたることが困難になってきている。また、仮にボランティアやNPO活動に関心がある市民がいたとしても、どこからその情報を得たらいいのか分からないということもある。

そこで、福岡市では、ボランティ・NPO団体と市民との交流拠点の場として「NPO・ボランティアと市民の交流センター　あすみん」[(1)]という施設を提供している。その事務局で、センター長である十時 裕氏から興味深い話をうかがうことができた。

十時氏は、「最近、埋葬に関して新しい取り組みを始めたNPOが登録に来られた」と言うのだ。これまでの社会通念上の埋葬とは異なり、故人の遺志を尊重した新しい埋葬を望むニーズが出てきている、ということである。具体的には、お寺や共同墓地への遺骨埋葬という形ではなく、生前に希望した船上から

事務所で執務をする十時氏。筆者撮影

海への「散骨」という例があるそうだ。

　田舎であれば、通夜・葬儀をすませたあとに火葬場で荼毘に臥し、故人との別れをすませたのちに、所縁のあるお寺の墓地もしくは家が所有する墓地に埋葬するというのが一般的であった。また、都市であっても、通夜・葬儀のあとに民間の葬儀社を通して斎場で荼毘に臥したのちにお寺の墓地か民間会社が運営する共同墓地に埋葬するというのが一般的であったように思う。海への「散骨」という埋葬のあり方一つとってみても、今日の社会のニーズがいかに多様化してきているかが分かるであろう。

　このほかにも、近年では団塊の世代の退職、少子高齢化の流れのなかで、地域の高齢者や老人の見守り、防犯や自然災害時の安全性の問題と、地域の抱える問題も非常に多岐にわたってきていると十時氏は話していた。実際、子育て、介護・福祉問題をはじめ、都会での老人の「孤独死」、「買い物難民」問題、地

---

(1) 福岡市中央区大名にある NPO・ボランティア交流センターである「あすみん」は、市内および市外から多くのボランティアや NPO が登録に訪れ、現在、800余の団体が登録をすませている。センター長である十時氏は、指定管理者（株式会社アーバンデザインコンサルタント）として、「協働」や「住民自治」をテーマに年間200を超えるワークショップ、講演、研修を実施しているほかに、福岡県まちづくり専門家（1996〜2010年）、福岡市地域アドバイザー（2004〜2010年）を行っている。

域の学童保育や環境保全など、問題が山積しているのはご存知の通りである。

　様々な地域の問題に対応するためには、これまで以上に、多くの市民あるいは住民がNPOやボランティアに積極的に参加することが待たれる。まず、われわれ一人ひとりが「市民」としての自覚を取り戻せるかどうか、そして地域社会の問題を自身の問題としてとらえ、どのように行動していくのかということが鍵となる。

▲ NGO（Non-Governmental-Organization）

　次に、NGOとは何であろうか。NGOは「民間の非政府組織」と訳されて紹介されることが一般的のようである。このNGOの概念をめぐっては様々な論議がある。例えば、NPOの活動とNGOの活動の違いから来るものである。要するに、活動の対象・ウエイトが国内にあるのかそれとも国外にあるのかにより、「NPO」と呼ぶのかそれとも「NGO」と呼ぶのかという論議である。

　民間の非営利組織でノンプロフィット（非営利）であるというだけではNGOとは規定できないこと、またNGOという言葉が国連で用いられるようになった時の意図から言えば、「国連憲章第71条」で決められている用語の通り、国際関係、いわゆる地球市民あるいは地球の国際的な出来事に関連しなければNGOとは言えないとか、第71条に規定されている「International organizations（国際団体）」と「national organizations（国内団体）」に区分に触れ、前者が「国際的NGO（International non-governmental organization）」と訳され、経済社会理事会と密接な関係をもっているといったような議論である。ちなみに、「国連憲章第71条」の全文は以下の通りである。

> Article 71
>
> The Economic and Social Council may make suitable arrangements for consultation with non-governmental organizations which are concerned with matters within its competence. Such arrangements may be made with international organizations and, where appropriate, with national organizations after

第7章　共同的・非官僚的・多様な社会的組織　165

> consultation with the Member of the United Nations concerned.
>
> ［邦訳］経済社会理事会は、その権限内にある事項に関係のある民間団体と協議するために、適当な取り決めを行うことができる。この取り決めは、国際団体との間に、また適当な場合には、関係のある国際連合加盟国と協議したあとに国内団との間に行うことができる。

　経済のグローバリゼーションの進展は、NPO、NGO の活動をもグローバルに展開させる。また、NGO の呼称も「開発 NGO」、「環境 NGO」とか「北の NGO」や「南の NGO」と様々となっている。

　これまで、NGO の活動と言えば、医療・食料といった人道支援、人権擁護、地雷撤去をはじめとする開発支援を目的としたものが中心であったように思われる。しかし、今日では、地域間の度重なる紛争や民族間の宗教対立、難民問題、経済のグローバリゼーション、気候変動といった国境を越えた問題に対して、一国の政府や国家ではもはや対処できない状況に対する活動となっている。

　NGO は、国境を越えてこれらの問題に果敢に挑戦し始めている。優秀な NGO であれば、高い情報収集能力や政府への働きかけ、国際会議などでのロビー活動といった形でその手腕が高く評価されている組織や団体も存在する。今後、一層、NGO や NPO の活躍する機会は増加することであろう。

▲ 社会的企業（Social Enterprises）とコミュニティ・ビジネス

　これまで、ボランティアや NPO・NGO といった非官僚的で共同的な組織について見てきた。

　しかし、このような組織以外にも、今日では社会的企業という新たな組織が出現してきている。それでは、この社会的企業とは何かについて見ていくことにしよう。

　社会的企業の研究については、欧米の研究が先行しているようである。例えば、ジャック・ドゥルフニ[2]などは、社会的企業に関する試論的定義としなが

らも、社会的企業の概念には経済的な基準と主要な社会的な指標とがあるとして、その経済的基準として以下の四つを挙げている。

❶財・サービスの生産・供給の継続的活動。
❷高度の自律性。
❸経済的リスクの高さ。
❹最少量の有償労働。

そして、その社会的側面として以下の五つを挙げ、社会的企業の概念について論じている。

❶コミュニティへの貢献という明確な目的。
❷市民グループが設立する組織。
❸資本所有に基づかない意思決定。
❹活動によって影響を受ける人々による参加。
❺利潤分配の制限。

わが国では、この社会的企業の概念が比較的新しいこともあって、必ずしも一致した見解があるわけではない。ソーシャル・エンタプライズとは、非営利形態であれ営利形態であれ、社会的な課題の解決に向けて新しい商品やサービス、そしてその提供の仕組みなどといったソーシャル・イノベーションを生み出す事業体であるとする研究者がいる。その一方で、社会的企業とは、営利企業のような形態をとりながらも社会貢献を目的に設立され、計上された利益を関係者に分配しない仕組みの企業であり、地域社会や生活に困窮する人々に役に立つように利益を使い切るか、次の事業に向けて再投資するような新しいタイプの企業であるとする研究者もいる。

また、近年、社会的企業と類似した概念に、自治体関係者やNPOなどから注目を集めているものに地域コミュニティ・ビジネスがある。地域コミュニティ・ビジネスとは、利益は得るがその追求を第一とせず、地域の活性化や地域住民の便益を優先することを目的とした事業であるとしている研究者もいる（藤江俊彦［2002］を参照）。このコミュニティ・ビジネスの定義は、先ほど挙

げた社会的企業の概念と符号する。

　あえて言えば、いずれの定義も、社会や地域の抱える問題の解決に向けて、企業という組織形態をとりながらも利益を第一義とせず、組織・事業の存続性を前提に、収益性をも勘案しながらその活動を展開している事業体であると定義できるのではなかろうか。つまり、地域コミュニティ・ビジネスは、地域の介護・福祉、医療、教育、環境保全といった地域という空間的に限定された問題を中心に事業展開を行っているところにその特徴があると考えられる。

　ところで、近年、この社会的企業という言葉をNPOが積極的に使い始めている。社会的企業やコミュニティ・ビジネスが収益性に配慮して企業形態の形をとりながら事業活動を展開しているのに対して、ボランティア活動やNPO活動は、有償であろうと無償であろうと、収益性や採算性よりも市民が「自発的」に取り組んでいるというのが一般的であった。

　特に、阪神・淡路大震災（1995年）を契機に多くのボランティアが被災地に入り、地震や火事で住居の倒壊、さらには商店街が焼失したことで生活の基盤を失って精神的に疲弊困憊している市民に対して、炊き出しから医療・衛生面、被災者らを気遣う親族や関係者との連絡と、自己犠牲的に多方面にわたって活動した彼らの姿が多くの日本人に感動を与えたことは記憶に新しい。この出来事を契機にして、改めて「ボランティア」という言葉が日本人の心のなかに刻印されたことは間違いないであろう。

　では何故、NPOがわざわざ社会的企業を名乗る必要があるのであろうか。その理由について、一般的には、わが国のボランティア活動が欧米に比べて資金面で脆弱性があること、日本において寄付をするという習慣が薄いこと、そしてボランティア自身のアマチュアリズムなどの理由が挙げられている。

　それでは、本来、NPO設立の目的は何だったのだろうか。それは、NPO法（特定非営利活動促進法）の第1条の条文を見ればすぐに理解できる。

---

(2)　ジャック・ドゥルフニ（Jacques Defourny）。リエージュ大学経済学部教授。同社会的経済センター所長。協同組合とアソシエーションの経済分析、労働統合社会的企業と先進国・発展途上国におけるサードセクターの理論的方法論の研究。

第1条　この法律は、特定非営利活動を行う団体に法人格を付与すること等により、ボランティア活動をはじめとする市民が行う自由な社会貢献活動としての特定非営利活動の健全な発展を促進し、もって公益の増進に寄与することを目的とする。

　この条文からして「公益の増進」すなわち「社会的貢献」を掲げているわけだから、NPOは初めから社会的使命を担っていたことになる。しかもこの法律には、「市民が行う自由な社会貢献活動」による「健全な発展」という側面がある。
　先述したが、医療、介護・福祉、教育といった第5次産業の多くは営利を目的にするべきではない事業を行っている。この分野は、本来、民間の非営利組織が担う分野である。営利を目的とするべきではないと言っても、組織の運営費などに関わるコストは、当然、事業活動を通じて得た利益を充当しても何の問題もない。
　民間の非営利組織では、ボランティア活動を取り組みに活かすことができる。ボランティアとは、まさに自主的に行う活動のことである。NPO法の制定を待つまでもなく、社会問題の解決に向けて市民の社会参加が行われていたのである。
　今後、予想される急速な少子高齢化社会の進展とも相まって、これまで以上に様々な地域問題が噴出してこよう。それゆえ、民間の非営利組織のボランティア活動がますます重要性を帯びてくる。何故なら、足下に存在する地域問題は、ボランティアに参加している市民一人ひとりがよく分かっていることだからである。
　これまでの政府への「お任せ民主主義」や市場依存ではなく、自分たちの足下の問題を一人ひとりが自らの問題としてボランティア活動に参加する市民が増えてくれば、地域の実情にあったサービスが提供できるようになる。地域市民（住民）同士の協力と支え合いが住みよい地域づくりに結び付き、自信と誇りがもてるようになって地域によい効果をもたらす。そのことが、NPO法の精神に掲げられている市民の自由な社会貢献活動に資すると同時に、公益の増

進につながるものと考えられる。

　また、各地域における実情が異なることから、社会福祉士や介護士といった免許資格の交付のあり方も、自治体独自の権限と裁量で市民に与えられるような制度が検討されてもよい時期であろう。社会の変化は早い。画一的な国家試験や研修だけでは、本当に必要とされる公共サービスは提供できないのではなかろうか。

　人間関係が希薄になり、「コミュニティ」という言葉もいつしか形骸化してしまった。その結果、地域には高齢者や幼い子ども、主婦が取り残され、独居老人の孤独死、高齢者の見守り、地域の防犯や安全性、学童保育といった新しい問題が顕在化してきている。

　繰り返し言うが、ボランティアという言葉は「自発的」という意味である。地域の抱える問題を、自発的に自らの手で解決しなければならない。今後、市場や政府に頼ることはできなくなるし、またそれは避けなければならない。となると、市民としての自覚（意識）や地域の自立や自律の精神が生まれてこないと、ますます地域は成り立たなくなる。

　先ほど、地域の問題解決にあたって社会的企業やコミュニティ・ビジネスについて話をしたが、企業であり事業活動である以上、収益性や採算性も配慮しなければならない。したがって、利害関係者の動向次第では「社会的使命」の側面と経済的側面の狭間で摩擦が生じ、解散という事態も起こり得る。それ以上に、ボランティア活動やNPO・NGO活動に対して疑念が向けられる可能性もないとは言えない。そんなことになろうものなら、何のためにNPO法を成立させたのか、その意義すら見失うという懸念が生じることになる。

　日本の地域社会には、「結」や「困った時はお互いさま」といった慣習的なものや助け合いの精神が昔から生活のなかにあった。現代にこそ、ボランティア精神や人間味のある相互扶助的な精神の復活が望まれるところである。

参考文献

- The United Nations Department of Public Information（1997）"Charter of the United Nations and Statute of the International Court of Justice"
- Carlo Borzaga and Jacques Defourny, edited（2001）*The Emergence of Social Enterprise*（C. ボルザガ／J. ドゥフルニ編、内山哲郎・石塚秀雄・柳沢敏勝訳『社会的企業――雇用・福祉の EU サードセクター』日本経済評論社、2004年）
- 勝又壽良・岸真清（2004）『NGO・NPO と社会開発』同文舘出版。
- 金子郁容・松岡正剛・下河辺淳他（1998）『ボランタリー経済の誕生』実業之日本社。
- 田中弥生（2008）『NPO 新時代――市民性創造のために』明石書店。
- 谷本寛治編（2006）『ソーシャル・エンタプライズ――社会的企業の台頭』中央経済社。
- 平田哲（2005）『NPO・NGO とは何か』中央経済社。
- 藤江俊彦（2002）『コミュニティ・ビジネス戦略』第一法規。
- 正岡謙司（2009）『社会的企業はなぜ世界をかえるのか』西田書店。

付　言

　C. ボルサガラ等（2004）は、現在、わが国でもボランティア活動や NPO・NGO といった社会貢献活動に関心が集まるなか、欧米の研究者が中心となって、ヨーロッパ市民社会における社会貢献活動の歴史、変遷、現在の状況をふまえ、社会的企業の概念や活動状況、あるいはその役割といったものを詳細に論じている。

　谷本等（2006）は、ボランティアや NPO・NGO 活動の社会貢献活動が先行するなか、後発ではあるが、今日「社会的企業」と呼ばれる組織が注目を集めている。その登場の背景や概念、およびその社会的役割について詳細に論じている。

　藤江（2002）は、地域社会における課題をビジネスとしてとらえ、その問題解決にあたるコミュニティ・ビジネスの概念やその活動状況を紹介している。

　田中（2008）は、わが国の NPO の概念とその活動の意義を述べたうえで、特に今日、多くの NPO が抱える資金面での問題と関連させて、NPO が社会的企業を名乗ることへの疑問や批判と、NPO 活動における市民の自由な活動の意義の重要性を訴えている。

　金子等（1998）は、「政府の失敗」や「市場の失敗」をふまえ、政府や企業では埋めきれない社会の細かな財・サービスの供給を、自立した市民がボランティア組織

やNPO・NGO組織といった社会的組織を立ち上げ、地域や社会で必要とされている小さなニーズやサービスを提供することでサービスの受給者（消費者）に満足してもらえ、地域が活性化することの事例を紹介しながら、これらの組織が経済的にも社会的にも多大な貢献をしていることを述べている。

勝又、岸等（2004）は、あまり重視されることがなかったNPOやNGOといった民衆組織あるいは市民が、いかにして望ましい市民社会や地域社会を構築していくのか、あるいはNPOやNGOがどのような貢献を行うのかを論じたものである。

平田哲（2005）は、特に発展途上国における経済開発を通じて、国際協力にあたってのNPO・NGOの重要性とその役割について述べたものである。

周知のように、今日、わが国の社会の抱える課題は多岐にわたっている。例えば、わが国は、国・地方をあわせ財政難に陥っている。また、過去に経験したことがない少子高齢化社会を迎えようとしている。さらには、経済のグローバリゼーションの進展が国際競争圧力となって、内外市場での激しい企業間競争を増幅させている。

これまで経済成長優先できたわが国が、自分たちの社会という足下に目を向けた時、様々な課題を放置しまたまま今日に至っている。すでに政府や市場に過度に依存することは、財政難とも相まって極めて厳しい状況を迎えつつある。「政府の失敗」、「市場の失敗」が言われて久しいが、この足下の課題を解決するためには、「お任せ民主主義」ではなくて、結局、我々一人ひとりが社会や地域の課題に目を向け、行動を起こしていかに自立（自律）していくかにかかっているのではなかろうか。そこにしか、問題解決の道は見当たらないように思われる。

医療、介護、福祉、子育て、教育といった地域のニーズは多様であり、それらを平等に供給するというのは、工業社会における画一的な財やサービスの供給と同じで消費者の満足（consumer satisfaction）を得られないし、資源の無駄や浪費にしか結び付かないのではなかろうか。結局、それらは、「市場の失敗」、「政府の失敗」として知られている様々な問題と同列である。

サービスの生産と消費は、その同時性という制約から労働集約的で生産性が低いことが問題となっているが、サービスの中味によってはインターネットやスマートフォンといった情報機器を介在させることで、その制約を幾分でも取り除くことで生産性を上げることも可能となろう。また、ボランティア組織やNPO組織といった多様な市民組織や市民が中心となって、地域の細かな課題について情報収集とその共有化を進め、メンバーを「この指とまれ」方式に集めてサービス提供の行動を展開する。

確かに、これらの組織にとってサービスの規模が小さく、採算面でギリギリか赤字経営を余儀なくされるケースも多々あるかもしれないが、地域で本当に必要とされるサービスであればサービス受給者に喜ばれるし、サービスの提供者側も地域貢

献に役立てたことに満足感と喜びを感じるであろう。その結果、地域における人間関係の空白が埋められ、コミュニティの再生とその再活性化にもつながるであろうし、何よりも、持続可能な地域社会づくりに向けての一歩を踏み出すことが可能となろう。

エピローグ
経済の優位性の崩壊

久留米絣の工房で、生活必要品を趣味と実益を兼ねて自らつくる。
写真提供：筑後川まるごと博物館

　これまで、21世紀の経済社会が進んでいくだろうという方向を見てきた。最後に、それへの対応、戦略と戦術（政策手段）について考えてみることにする。
　所得の増加が人々の幸福につながらないとしたら、すなわち幸福のパラドックスが生じるとしたら、従来の経済政策の遂行に大きな手直しが必要となる。経済成長が人々の幸福を増進しないのに、成長政策を実行し続けることは好ましいとは言えない。環境への配慮や資源の有効活用に関して現段階における最良の技術を採用したとしても、社会の持続可能性に抵触し、人々の労力を無駄にすることになるからだ。

1 地方自治・グローカル

▲ 日本社会の特徴と地方分権の必要性

　2010年現在、世界には193か国あるが（外務省による）、その規模（人口・面積・GDP）や経済情勢などは、言うまでもなく様々である。したがって、21世紀がこれまで見てきた方向に進むとしても、各国の諸事情によってそれへの対応も変わってくる。ここでは、主に日本の事情に照らして、その戦略と戦術を考えていくことにする。

　日本は人口規模も比較的大きく、GDPも中国に追いつかれたといっても、とりあえずは第2位を誇っている（2010年現在）。そして、国民国家としては、民族的にも文化的にもほぼ画一的なまとまりのよい国である。日本のこのような事情は工業国として発展するのに適しており、新しい産業の立ち上がりと新製品の普及にあたっては、国外をあてにせずとも国内市場で賄うことが充分可能であった。ただ、そのことが国際化への意識を鈍らせてきていると言える。これがスイスやフィンランドのように500万から700万人ぐらいの人口規模であれば、初めから外国市場を当てにしなければならなかったであろうから、国際化を意識せずにはいかない。

　経済が少品種大量生産の時代から多品種少量生産の時代になり、製造品がますます多様化し差別化すると、かなり大きな国内市場をもっていてもそれだけでは充分な需要者を見つけることができない。よって、必然的に外国市場を意識することになる。また、このように多様化を意識すると、国内が画一化されているよりも多様性に富んでいるほうが国際化への学習にとっては有利となる。

　また、現代のグローバリーゼーションでは、国家レベルでなく地域や個人が国際化している。地域が充分国際化に対応するには、国家の縛りからある程度開放されなければならず、外国の地域や国家と対等に交流できるだけの経済的・政治的能力を身に着けておかなくてはならない。

▲ Small is Beautiful——意思決定への参画と多様な選択

「大きいことはよいことだ」にならない事情について、二つの要因が考えられる。

第一は、直接民主制や地方自治が住民の主観的な幸福感を向上させることに関係するものである。これは政治的な意思決定の場合に限定されるものではなく、企業やコミュニティの意思決定など組織一般にも関係するものである。組織の構成員（住民・従業員など）は、自分の意志が全体の意思決定に反映されていると感じれば感じるほどその組織に帰属していることに対して満足度が高まり、組織を活性化に導くことになる。

一般に、組織が大きくなればなるほど構成員の参画観が薄れるので、その組織が構成員に保証する生活水準などの要因が変わらなければ、大きい組織であるほど構成員の主観的な幸福感を下げることになる。

第二は、多様性の保持と効率性の兼ね合いに関係するものである。生産工程における効率性を平均生産費で評価すると、工業製品の場合、規模の経済性が働いて大量生産によって平均生産費が低下する。したがって、多品種を生産するよりも少ない品種で大量に生産するほうが効率がよくなる。すなわち、与えられた技術水準と投入量のもとでは、品種の数と生産量の間にトレード・オフが生じるわけだが、これと同様な関係が日常生活の領域についても成立すると考えられる。つまり、多様な生活様式を可能にすると生活の効率性（便利さ・快適さ）が低下するということである。

選択の可能性を広げて人間活動の自由度を高めることが経済成長の第一の目的であり、そのための効率性である。したがって、経済成長に伴って生活の効率性が高まると同時に多様な生活様式を可能にするならば、問題なく人々の幸福感は向上していく。しかし、経済成長を促すもとになる技術の性質が効率性に偏重したなら、便利さや快適さが向上しても選択肢が狭められ、結果として幸福感が上昇しないことになる。

この弊害は、規模の経済性を求めて組織を大きくすることによって生じる。これに対処するには、小規模な組織がネットワーク化を図って状況の変化や現

実の多様性に柔軟に対応すること、すなわちネットワークの経済性を求めることが必要となる。小規模組織のネットワークによって投資の二重性による経済の不安定性も緩和されるし、過剰生産体質も是正され、国民に浪費を強いることも抑制される。そして、何よりも地域の自律と自立が進む。実体経済がこのような方向に進むと金融の体質も分権的になり、昨今のグローバルな金融危機も回避されることになる。

▲ 民主主義と地方分権・地方自治

　トクビル[1]は、「中央集権の民主政治は専制政治よりもタチが悪い」と言っている。中央集権では、一部中央（首都）の周りの意向を中心に決めてしまって地方の意向が反映されない。そして、情報なども、中央のものだけが発信されている。日本で言えば、マスコミが東京に集中して同じ顔ぶればかりがテレビなどに登場している。中央の意向は、一応民主主義的な手続きをもって決定されているために表立って反対できない。一方、専制であれば、それを理由に反対することが可能となる。

　民主主義と地方分権は一対のものであって、切り離すことは決してできない。地方分権、地方自治なき民主主義は、形だけのもので中身を伴わず、人々を幸福にすることはない。歴史的に見ても、国民国家が確立する時期、つまり絶対王政から議会制民主主義に変わる過程においては、王が住む首都が繁栄する一方で地方が疲弊するという事態が生じていた。

　日本の歴史を振り返った時、江戸の幕藩体制は徳川将軍家の権力が強いと言っても地方分権的体制であった。明治維新というのは、これを中央集権的な国民国家に転換するものであった。もし、この時期に国民国家を築けなかったら、欧米列強によって植民地化されていたであろう。

　その後、憲法が発布され、国会が開催され、選挙も実施されるようになり、国民全体の意思決定については民主主義的な制度が整ってきた。しかし、日清戦争（1894～1895年）、日露戦争（1904～1905年）から太平洋戦争へと突き進むなかで、中央集権化がむしろ強化されてきた。太平洋戦争の敗戦（1945年）

で、アメリカの占領政策のもと地方分権・自治への種がまかれたわけだが、いまだにその発育は不全としか言いようがない。

　日本の中央集権的な体制は、第2次世界大戦後の復興には寄与したと考えられる。戦後の冷戦構造という状勢も幸いし、急速な復興と工業立国として世界第2位のGDPを誇るに至ったことについて言えば、中央集権的な体制であったことが幸いしていたと言える。何故なら、A.トフラーが示すように、工業化は中央集権的な体質を好み、そのほうが工業化の進展には好都合であるからだ。そしてまた、工業化は中央集権的な体質を推し進めることにもなる。

　しかし、日本も含めて経済先進国は、すでに経済の主軸がモノの生産からサービスの生産に移り、情報化が進んで中央集権的なコントロールが不可能になるだけでなく、サービス中心のポスト工業社会では中央集権の統制は望ましくない。統制でなく自由な空気が必要である。そうでなければ、サービス部門における創造的な活動が生まれない。また、それぞれの地域の事情に応じた環境との共生も生まれない。

2　ワークシェリング——富の分配の不平等の是正

▲　負の所得税・固定資産税制——満足のトレッドミル効果の解消

　満足のトレッドミルの要因の一つに、社会的な地位を獲得する競争が挙げられる。この相対的な地位をめぐる競争には軍拡競争と同じで最終的な勝者はなく、次々と新たな需要をつくり出してその欲望は満たされることがない。つまり、浪費と悪徳を生む原因となっている。

　この解決策の一つは所得分配の平等化にある。問題は、この所得分配の平等

---

(1)　アレクシス・ド・トクビル（Alexis-Charles-Henri Clerel de Tocquevile, 1805〜1859）。著書『アメリカの民主政治』は、アメリカの民主主義を学ぶ際のバイブルであり、民主政治とは「多数派による専制政治」だと批判した。

化をどのような手段で行うかである。この場合、次の二点に配慮しなければならない。
　❶労働意欲の低下を防ぐこと。
　❷納税者の不満を抑えること。

　世界各国が実施する所得分配を平等にする主な政策は定額の生活保障費を支給することと累進課税制度を実施することであるが、両者とも新しい自由主義経済学が台頭し、批判にさらされることになった。特に、累進課税の税制は、オイルショック後に発生したスタグフレーションの原因であると目された。このような流れのなかで、フリードマン（『選択の自由』）は定額の生活保障の支給と累進課税を批判して、負の所得税制を提案した。彼は、所得税率は一定の比率の比例税にするべきであるとし、所得がある水準以下である場合は、負の税率を課すことで（すなわち、補助金を支給することで）生活の保障をするべきであるとした。
　定額支給の場合は、被支給者が所得を得るとその分だけ支給額が減額されて労働意欲を失うことになる。一方、負の所得税制では、被支給者が所得を稼いでも減額にはならず、所得が水準以下であれば基準所得と稼いだ所得の差額に比例税率をかけた補助金が支給される。したがって、労働意欲を減退させることもなければ支給の事務的な手続きも簡素化することができる。
　ところで、負の所得税制で基準となる所得水準であるが、主観的な幸福感と所得水準のパラドックスが生じる臨界点である平均所得100万円が参考になるであろう。そして、比例税率はこれと最低生活水準の関係で決まることになる。
　所得分配の平等という視点からは、所得税率が一定でよいだろうか。すなわち、基準となる所得水準を超えたものについては累進課税にするべきではないかという主張も成り立ち、これを否定するだけの有力な根拠はないように思える。ただ、納税者の不満の一つとして、各人の所得が正確に当局によって捕捉されているかがある。
　日本の場合、勤労者の所得は源泉徴収によってほぼ完全に捕捉されているが、事業者の場合はそうでなく、高額所得者の場合も経理士などを雇って節税する

こととも可能となっている。このような事情を考慮すれば、固定資産税についても負の所得税と同様な税制を適用することで、富の分配を平等化する補完的な役割を期待することができる。というのも、固定資産の場合は所得よりも隠匿が難しいからである。また、負の所得税制は、次に述べるワークシェアリングと併用することで実効力を高めることができる。

▲ ワークシェアリング——豊かさのパラドックスの克服

　経済が発展して物的に豊かな社会は、時間にゆとりのある社会でなく、むしろ時間がますます不足する社会であるため豊かさのパラドックスが生じている（矢野［1955］33ページ）。つまり、人々は働きすぎているのである。

　それでは、何故働きすぎるのであろうか。快楽のトレッドミル効果と満足のトレッドミル効果はその一部分を説明してくれるが、これに次の二つのことを付け加えることができる。

❶人々に浪費を強いる経済の仕組み。
❷将来への不安。

　大規模な工業生産システムは、経済効率を上げるために巨大な固定資本の投資を必要とする。この投資は、新たな需要を創出すると同時に生産能力を拡大する。しかし、設備投資は発注時点では需要を発生させるが、実際に稼働するのは設置されてからである。

　この投資の二重性の効果は、同時的でなく時間的なズレをもつことになる。この二重性が経済の変動を不安定にし、企業間競争と相まって過剰生産体質を生み出す。したがって、需要不足に悩む企業は、人々が気前よく商品を購入してくれるようになるためにあらゆる手段を使う。企業にとって、快楽のトレッドミル効果と満足のトレッドミル効果は天の助けであり、それゆえ消費者は神様となる。

　人々は老後や健康などへの不安から蓄えを増やそうと働くが、それ以前に、常に付きまとう不安は「失業」である。失業で収入を断たれた場合に備えるた

めに、あるいは解雇されたくないがために懸命に働いている。

　豊かさのパラドックスが生じている段階では、失業を解消する手段としてワークシェアリングは極めて有効であり、経済成長を必要としない点において合理的である。

　第一に、豊かさのパラドックスが生じている場合、おそらく所得の追加的な増加が幸福感に寄与しない状態であるために幸福のパラドックスも発生している。したがって、これ以上の経済の拡大を必ずしも必要としない。

　第二に、失業を経済成長で解消しようとすると、インフレの懸念、資源の浪費、環境への悪影響、そして財政のさらなる悪化、利子率の下落などの副作用を伴うことになる。ワークシェアリングによれば、これらの副作用を回避することが可能である。

　第三に、ワークシェアリングによって労働時間が短縮して余暇時間が増加すれば、人々は創造的な活動を行う時間的余裕とそれに伴う精神的なゆとりをもつことになる。そして、地域活動やボランティア活動に参加する機会も多くなり、社会資本（social capital）や文化資本の形成に寄与することになる。社会資本や文化資本を充実することは、サービス・ソフト中心のポスト工業社会にあっては経済の活性化において不可欠なものである。

　しかしながら、現実問題として、ワークシェアリングの実施には困難な問題が伴う（脇坂［2002］140ページ）。その第一点が労働者側の抵抗である。使用者側は、総人件費が増加しないのであればワークシェアリングを実施することに比較的抵抗がないが、労働者側は賃金カットを伴う労働時間の短縮にはなかなか応じないと思われる。

　そして第二点は、総労働時間に変化がなったとしても、一人当たりの平均労働時間が減少することで経済全体の生産性が低下するのではないかという懸念である。しかし、この点に関しては、豊かさのパラドックスが生じている段階では問題にならないように思える。

　第二の点に関しては、ワークシェアリングは失業を解消するための有効で合理的な手段でることが周知され、労使双方の合意によって自発的に導入されることに期待したい。特に労働者側にあっては、失業の存在は、社会保障費の負

担などにより雇用されている人の実質所得を減少させている点を理解する必要がある。そして、使用者側にあっては、サービス残業などの問題に対処して信頼感の養成に努める必要があるようである。

また政府は、場合によっては、ワークシェアリングの導入を促進する法的・政策的手段をとる必要があると思われる。前述した負の所得税・固定資産税制は、ワークシェアリングの導入を促進することにつながるように思える。

▲ 地域通貨——通貨発行自由化論

地域通貨とは、その名のとおり限定された地域でのみ使用できる通貨であり、国家通貨である円やドルとは違い、「補完通貨」や「エコマネー」などと総称されている。地域通貨の歴史は長く、なかでも有名なものが、世界恐慌の起こった1930年代にスイスのシルビオ・ゼゲルが提唱した「劣化する通貨（devaluating curreusy）」である。時間の経過とともに貨幣価値が下がるシステムで、これによって流通速度を速くして経済活動を活発にしようという試みである。

また、現在の地域通貨のもとになっているのが「LETS（Local Exchange Tvading System：地域交易制度）」で、1983年にカナダのバンクーバー島で広ま

筑後川流域で流通している地域通貨「カッパマネー」（筆者撮影）

ったものである。日本では、1990年代後半から全国各地で地域特有の地域通貨の実験や導入が始められ、現在、その数は全国で200以上にも及んでいる。

エントロピー増大の法則が世界を支配する以上、太陽エネルギーなどの補給がないものは減価する。貨幣は価値が減価しないものと想定されているが、何がそうさせているのかが明確でない限り、それは幻想でしかない。この幻想が現実になったのがインフレーションであり、バブルの崩壊であり、金融危機である。

アダム・スミスは、市場経済がもたらすであろう富の不平等には楽観的であった。それは、人々の胃袋はほぼ同じ大きさであると考えたからである。実物で考えるならば過剰な富の追求はなされないであろうが、価値が減価しない貨幣はアダム・スミスの予想を覆した。また、アリストテレス[2]も永遠なるものは不自然であるとし、貨幣は社会の調和を乱すものと見なした。「劣化する貨幣」はエントロピー増大の法則からすればむしろ自然で合理的であり、富の分配の不平等を解消する働きをすることになる。

中央銀行制を廃し、通貨の発行を自由化することでインフレやバブルの発生を防ぐことができ、政府の財政赤字の発生も抑止することができるかもしれない。このことに関しては議論の余地が多いであろうが、検討に値することと考える。

▲ 税を労働で支払う（庸の復活）

財政赤字は、政府の肥大化と無駄遣いもあるが、基本的には政府が何らかの形で関与しなければならないサービスの増加によって引き起こるものである。特に、少子高齢化社会を迎えて、医療や福祉サービスを充実しなければならないわけだが、従来のやり方ではこれらのサービスを充実すれば政府の財政に大きな負担をかけることになる。

この財政負担を軽減するには、サービスを一部ボランティアなどの活動で賄うことなどが考えられる。例を挙げれば、ボランティア切符制度などはこの種のボランティアを活発にする一つの方法であろう。

例えば、ある人がある福祉施設でボランティア活動した時、この活動時間に応じてこの施設でケアを受ける権利を保障するのがボランティア切符であるが、この切符を権利とともにほかの人に譲ることができれば、この切符は流通性をもつことになる。その流通範囲が広がれば一種の地域通貨になり、さらにこの通貨で地方自治体への税を支払うことができればその流通範囲はさらに広がることになる。

　一般に、地方自治体も財源で悩んでいる。増税したくても困難であり、納税者も負担の限界に来ている。税は貨幣で支払うことが前提になっているので、経済が沈滞すれば税収入が増えることはない。そこで、税を貨幣でなく労働で支払うとすればどうであろうか。ゴミを収集するとか、戸籍係をするとか、福祉サービスに従事するとかによって納税できるとなればどうであろうか。貨幣で納税するならば、その分働いて貨幣を稼がなければならないが、労働で支払えばその必要がなく、時間に余裕があれば負担感はずっと少なくなる。そして、この方法を地域通貨と絡ませればより効果的になる。

3 プロシューマー（Producer + Consumer）Do it yourself 経済

▲ 生産は消費のため、消費は生活を豊かにするため

　工業化は、消費と生産の場を機能的にも空間的にも分離してきた。生産者である企業は、基本的には消費者が求めるものをつくらねば売れないが、その目的は消費者を本当の意味で満足させて豊かにすることではなく、利潤を得るためである。したがって、今日の市場経済体制では、消費者の満足や利益につながるものでも利潤が得られないものは生産しない。

---

(2)　アリストテレス（'Αριστοτελης、前384～前322）。古代ギリシアの哲学者。プラトンの弟子であり、ソクラテス、プラトンとともに「西洋」最大の哲学者と見なされ、多岐にわたる自然研究の業績から「万学の祖」とも呼ばれている。

また逆に、消費者の利益にならず、健康を損なうものでも、そして不必要と思われるものでも消費者が買ってくれて利潤が得られるのであれば生産する。つまり、トレッドミル効果は生産者にとっては「天の助け」となる。生産は消費者の生活を豊かにするものでなければならず、生産性や効率化を考える時、生産の場の効率だけを考えるのではなく、消費の場の効率と一体化して考えなければならない。

　「日本最高水準の省エネルギー性能と暮らしやすさの永続的両立」を目指す工務店のネットワークで、「百年の家プロジェクト」というのがある。100年間ももつ家が造られたら、新規住宅需要が減って住宅産業が困るかもしれない。しかし、家計にとっては満足が高まる。仮に、その家が1億円で建てられて100年もつとすれば、利子を考えずに考えると年100万円のローン負担である。一方、2,000万円の家が20年耐用であれば、同じく年100万の負担となる。しかし、1億円の住宅と2,000万円の住宅では住み心地が全然違ってくる。

　私達の日常生活は、食料・歯磨き粉・トイレットペーパーなどの消耗品のように使えばなくなるもの（フロー）と、住宅・自動車・電化製品などの耐久品（ストック）を使用して構成されている。このフローとストックを上手に組み合わせることで、生活を豊かにすることができる。

　生産の場で言えば、例えば労働者一人当たり1日で1台の自動車を生産していたのが、2台生産できるようになったら生産性が2倍になったことになる。これによって、企業は労働者を一人節約することができる。一方、消費者がていねいに自動車に乗ることで、今まで5年で廃棄していたのを10年間乗ったとすると、社会全体で必要な自動車の生産量を半分に減らすことができ、労働の節約につながる。そういう意味で、消費者がストックの耐用年数を延ばすことは、社会全体として考えた場合、生産の場での生産性の向上と同じ効果をもつことになり、生産に参画したことになる。

　「プロシューマー」とはトフラーの造語で、「生産者（producer）」と「消費者（consumer）」を合体したものである。インターネットが普及することで両者が流通部門を飛び越えて直接対面し、様々な方面で両者を隔てる垣根が低くなったと考えられる。そして、消費者の生産への参画は自らの満足度を高める。

▲ 楽しい不便——創造的活動のすすめ

　人間の活動を防衛的なものと創造的なものとに分類した時、**表6−1**（143ページ）にあるように、一般的には日常的で日々の生活を維持するのに必要な行為は防衛的なものに属するものと考えられている。しかし、防衛的なものであっても、そのやり方によっては創造的なものになる。例えば、ある人にとっては食事の支度は忌まわしいものであるかもしれないが、別の人にとっては楽しい創造的な活動となる。通勤の時間も、1分でも短いほうがよいと考える人もおれば、楽しい散歩の時間にあてている人もいる。

　第6章でも取り上げたビアンチの『*If happiness is so important, why do we know so little about?*』（Bianch［2006］）では、創造的な活動が飽きることなく楽しみが持続する淵源として、「内的複雑さと多様性（internal complexity and variety）」と「単純な必要（need）」からの独立、を挙げている（133ページ）。これはまた、同じく第6章で取り上げたフレイとシュチャーの『*Happiness and Economics*』（Frey and Stutzer［2002］）の幸福を生み出す心理的なメカニズムの4番目にあたる「コーピング（能動的適応）」と関係する。人は、困難を克服することに満足を感じるので、困難が簡単に克服できればできるほど満足も小さくなる。すなわち、便利さと楽しみとの間にはトレード・オフがあるのだ（Bianch［2006］pp131〜134）。

　以上から言えることは、日常生活に必要な財・サービスについても、完成されたできあいのものを市場から購入するのではなく、できるだけ自らが工夫しながら自給自足的（do it yourself）に獲得することが満足度を高めることになる。Becker（1974）流に言うならば、家計という工場の生産能力を高めることだと言えよう。また、情報機器の発達は情報を得やすくし、技術の小型分散化は在宅勤務を可能にする。

▲ オーダー・メイドとDIY（Do it yourself）

　靴や衣服を購入する時に実感すると思うが、今日のように形やサイズがいろ

いろあっても、自分の足や体にぴったりくるのはそうそう見つかるものではない。オーダー・メイドで、自分の足や体にあったものをつくりたいと誰しも思っている。しかし、値段が高くつくと諦めている人が多いと思われる。

月尾嘉男[3]は、『贅沢の創造——21世紀・技術は芸術を目指す』という本のなかで、IT技術がこの願いかなえてくれるようになり、これからは1商品1生産のオーダー・メイドの時代が到来し、商品はますます芸術化するだろうと述べている。

例えば、IT技術を使えば、靴を注文する時に足の寸法や型を手で測らなくても、足全体をセンサーやカメラでとらえることができる。デザインについてもCG（コンピュータグラフィックス）の技術をもって画面上で注文者と話し合いながら決めることができる。さらに、その靴がどの洋服とマッチするかもCG画面で確かめることができる。この情報を電送さえすれば世界中の至る所で製作することが可能となり、最も生産費の安い所を選ぶことができる。

また、オーダーなので在庫をもたなくてもすみ、売れ残る心配もない。極端な場合、インターネット上でやり取りをすれば、注文者がわざわざ店に行かなくてもすむので、店舗やオフィスは小さくてよい。このような事情から、かえって既製品より安くなる可能性が大きくなる。

既製品の場合、消費者は生産者が一方的に製作したものを選ぶだけであるが、オーダー・メイドの場合は消費者と生産者が話し合いながら製作していく。単なる選択でなく、消費者も生産に参画していると言えるのではないだろうか。このようなオーダー・メイドのシステムが定着してくれば、注文者はデザインの段階だけでなく生産の工程にまで参画が可能になる。例えば、最初の工程は専門家に任せるとしても最後は注文者が自分で仕上げるとか、あるいは逆に、最後の工程だけを専門家に任せるといったことが可能となる。

消費者は、自らが生産に参画してつくりあげたものには愛着をもち、大切に扱うことになる。すなわち、生産と消費を統合した生産性の向上になり、資源も節約できて環境にもよい効果をもたらす。

▲ 過疎対策

　都市にますます多くの人々が住んで過密化し、その一方で田舎が過疎化している。これは、解決しなければならない大きな課題である。

　宮崎観光の礎を築いた岩切章太郎[4]は、国の過密過疎化は、人間にたとえれば「頭熱足寒」であって、やがて病気を得て死に至る、と『自然の美　人工の美　人情の美』という本のなかで述べている。地方が栄えれば中央は自ずと栄えるとして、人間の身体で言えば「頭寒足熱」になるような政策を実行するべきであるとしている。

　過密・過疎化は工業化が生み出した副産物で、教育もそのことに加担してきた。日本の小学校からの教育プログラムは架空の都市に出て働くための知識と技術を得るものであり、子どもたちが生まれた土地に残るために必要とされる知識や技術を教えていない。語弊があるかもしれないが、今の教育は、優秀な者が出ていって都会で生活を築き、このレールに乗れなかった人が仕方なく地元に残ることを推進していると言える。この意味では、日本の過密過疎化は文部科学省の責任が大きい。

　鹿児島県硫黄島に漁獲量の豊富な地区とそう多くない地区があって、漁獲量の多い地区がかえって過疎化した。その地区では子どもの教育にお金をかけることができるので、子どもは進学のために島を出て、都会で就職をして帰ってこなくなったのである。一方、教育にお金をかけることができなかった地区では子どもが漁業を継いでいて、過疎化に歯止めがかかっている。つまり、過疎地において子どもの教育にお金をかけすぎれば、たとえノーベル賞をもらうようになったとしても、過疎化を食い止めることはできないということである。

　優秀な者が地元に残るということにならない限り、過密・過疎化を解消する

---

(3)　(1942〜) 東京大学名誉教授。著書に『ポスト情報社会の到来』、『変革するは我にあり』、『未来フロンティア紀行　北海道二十一世紀』などがある。
(4)　(1893〜1985) 大学卒業後、住友総本社に入社。1924年、宮崎に帰郷後、宮崎市街自動車株式会社（現宮崎交通株式会社）社長に就任。フェニックスの並木、こどものくになど観光事業を手がけて観光宮崎に尽力。著書に『一木一草』などがある。

ことはできない。そして、日本の過疎地はおしなべて自然が豊かであり資源も豊富である。したがって、過疎対策として次のことが基本になると思われる。

第一に、過疎地のもつ諸資源を再確認することである。自然資源だけではなく、伝統に培われた生活文化、特に村落共同体の意義を再確認することである。

第二は、過疎地の利点、つまり生活にあまり金がかからないことと、自給自足を目指すことができることを再認識する必要がある。まったくお金がなくても暮らせるわけはないが、都会に比べて少ないお金で暮らすことが可能である。衣食住にはあまりお金がかからないが、教育、医療、福祉などのサービスにはやはりお金がかかる。それで、これらのサービスを自給できるように工夫することである。子どもを地元に残したいのであれば、親たちが自ら地元で生きるための知識や技術を教えればよいのだ。医療も、できるだけ病気にならないように予防医学の知識を身に着けるようにすればよい。また、僻地専門の末端医療を担当する医師制度を設置するのも有効であろう。そして、福祉サービスについては、自宅介護や共同体での介護を充実させることである。

第三に、ワークシェリングの活用である。過疎化が進む最大の要因は、過疎地での就業の機会がなく現金収入が得られないことである。新たに企業を誘致するなどはこの情勢では困難である。そこで、すでにある就業機会をワークシェリングして住民に雇用機会を増やし、余裕ができた時間に農業や林業に従事することが考えられる。

過疎地で安定的な雇用を提供する主なものは、役所、農協、福祉施設、学校などの公共あるいは準公的機関である。このような機関が率先して給料を半額にして週休四日など実行すれば、雇用機会の増加と農林水産業の振興につながることはまちがいない。

姫島村は、大分県北東部の離島姫島を行政区域とする一島一村の人口2,171人（2010年）の村で、村役場がワークシェリングを実行し、少ない雇用機会を島民と分かちあって過疎化を防いでいる。姫島村職員の給与水準は、**表エ－1**に見られるように、国家公務員のほぼ70％であり、類似した自治体のそれと比べても20％近く低い。

姫島村の中心街。村ではカン（缶）のデポジットも実施している（筆者撮影）

表エ－1　ラスパイレス指数の状況

	2001年	2006年
姫島村	76.4	73.0
類似団体平均	94.9	92.3
全国町村平均	96.1	93.5

注1）ラスパイレス指数とは、国家公務員の給与水準を100とした場合の地方公務員の給与水準を現す指数である。
注2）類似団体平均とは、人口規模、産業構造が類似している団体のラスパイレス指数を単純平均したものである。
出典：姫島村ホームページ。

4　少子高齢化への対応——文化経済学の視点から

少子高齢化と経済の問題

　産業革命以後、世界中で人口が爆発的に増加してきた。しかし、地球上で人間が住めるところに限界がある以上、いずれは少子高齢化社会が訪れることに

なる。つまり、少子高齢化は日本だけの特別なことでなく、世界共通の現象である。したがって、少子高齢化にどう対応するかも世界的な課題となる。また、資源と環境の制限によって地球上に住める人口が限られるため、少子高齢化への対応も、当然、人間社会の持続可能性と軌を一つにしたものとなる。

少子高齢化で最も問題になるのは経済活力の低下である。それは、生産労働人口が、実数でも全人口に対する比率でも減少することが原因とされる。日本の人口は2007年から減少に転じ、2006年に1億2,800万人近くいたのが2046年にはほぼ1億人になると推計されている。表エ-2は、日本の将来人口の推計から、2011年と2046年を比較して生産労働人口の全人口への比率がどうなるかを見たものである。

経済全体の生産能力は、労働生産性に変化がなければ生産労働人口に比例する。したがって、一人当たりのGDPは生産労働人口比率に比例するので、一人当たりのGDPは20％減少することになる。

表エ-3は、この生産能力低下から来る一人当たりのGDPの減少を補うためには、どれだけ労働生産性が上昇しなければならないかを推計したものである。一人当たりのGDPが2046年においても2010年の水準であるためには、36年間に労働生産性が25％、年率にして0.6％上昇しなければならない。しかも、高齢者への年金負担が増大するので、その水準では生産労働人口の可処分所得は減少することになる。よって、生産労働人口の可処分所得を維持して、年金受給者に現職時の所得の50％を年金として保障するには、労働生産性は36年間に50％、年率にして1.1％の労働生産性の上昇が必要と考えられる。

しかし、この「生産性」は広く解釈されなければならない。すなわち、市場で取引される財・サービスの生産性、市場で取引されない（ボランティア、贈与）の財・サービスの生産性、外部効果（分業・ネットワーク効果、環境への影響）を考慮した生産性、そして生産と消費の結合した生産性（消費の合理化、効率化、浪費の防止）などを総合したものでなければならない。市場で取引される財・サービスの生産性にのみ着目すると、環境への負荷が増大して持続可能性に問題が出てくる。

少子高齢社会における経済問題の解決には、労働生産性の向上、定年の延長、

表エ－2　生産労働人口比率（％）の推移

年	年少人口 0～14歳	生産労働人口 15～64歳	老年人口 65歳以上
2010	13.7	65.8	20.1
2046	9.0	52.8	38.2
倍率	0.65	0.80	1.90

出典：国立社会保障・人口問題研究所『日本の将来推計人口』2010年。

表エ－3　労働生産性の上昇と一人当たり生産量

労働生産性の上昇率 2010～2046年（％）	年率 （％）	一人当たりGDP 指数　2010年＝100
0	0	80
25	0.6	100
50	1.1	120
75	1.6	140
100	1.9	160

出典：筆者作成。

退職後の経済活動への貢献（シニア経済）などの手段が考えられている。しかし、経済問題を単に生産力に限って考えると手詰まりになり、生活水準が低下することは否めず悲観的になる。生産と消費、そして生活の豊かさなど広く総合的な視点から対応を考えなくてはならない。このことに関しては、文化経済学からの視点が有用である。

▲ 文化力と経済力

文化経済学の基本公式に基づけば、以下のように表せる。

　　　生活の豊かさ＝文化力×経済力

少子高齢化の進展で経済力が低下しても、その分文化力が向上さえすれば生活の豊かさは維持される。したがって、少子高齢化への対応は、どの程度経済力が低下するのか、そしてそれを文化力の向上で補えるのかという問題に帰着

できる。サービス・ソフトが中心となるポスト工業社会では文化力が経済力を高めることになるので、いかにして文化力を向上させ、いわば社会全体の生産性を向上させるかが焦点となる。

社会全体としての労働生産性を向上することは、一人ひとりの生活を向上するのに合理的な行動をすることを求めることであり、国民の実践的モラルや文化能力を高めることである。このことを通じての生産性は、単に生産過程の生産性向上を補完するものでなく少子化対策にもつながる。

生産過程での生産性向上は、ややもすれば労働の強度を高めることになって出生率に影響する。社会全体が合理的になるということは、より忙しくなることではなく、商業主義にあおられた浪費や無駄を排し、ゆったりと文化的になるということである。

このことに関しては多方面から論じなければならないが、ここではアウトラインの叙述に留めておくことにする。

第一は、消費技術の向上である。これには、消費の無駄を省く、耐久消費財を長持ちさせる、水資源などの節約、ゴミ減量などが挙げられる。

第二は、健康維持への努力である。「衣食同源」、「身土不二」など地産地消への関心が高まりを見せている。普段の生活から健康に気をつけることは、結局、医療費の削減につながる。特に、高齢者に向けてのプロダクティブ・エイジングの概念である「成熟に向けての生産的かつ創造的な生き方」は重要である。

第三に、社会不安の解消であり、モラルの向上である。これらは、犯罪や交通事故などを減少させることによって社会的コストを削減する。

最後に、国際平和の維持を挙げたい。言うまでもなく、これは軍事負担を削減することになる。

以上、このような合理化で余裕のできた労働力と時間は、少子高齢化への対応に向けられる。

5 経済優先からの脱却

　長期的に見ると、経済発展を発展させる原動力になるのは、生産技術や経営方法を変革するイノベーションである。科学的発明や発見に至る動機は、人間の好奇心、疑問の解明、空を飛びたいなどという夢を追う欲求であり、経済的なものでないのが一般的である。幸福のパラドックスや豊かさのパラドックスが蔓延する現在社会では、経済的動機を優先することは、短期的な成果にはつながっても長期的には新たなストレスを発生させることになり、社会を不安定にして品格を低下することになりかねない。そして、結果的には、経済を沈滞させることを200年にわたる工業化の過程で人類は経験してきたのではないかと思う。

　しかし、残念なことに、まだこの経験をしっかりと学びとっていない。例えば、二つの世界大戦前における日本の大陸への進出理由は、日本の生命線を守ることであった。中国大陸での利権を失うことは日本経済の根幹を危うくするものと主張されていたが、結果的にはどうであろうか。確かに、第2次世界大戦の敗戦によって領土の半分を失ったが、戦後の日本経済は戦前よりはるかに発展している。

　大事なことは、目先の経済的利害にとらわれすぎないことである。文化力の向上が結果として経済力を向上させるように、経済的利害よりも次元の高い目標を追求することが経済発展の展開をもたらすと言える。例えば、厳しい環境規制は環境技術の革新を誘発し、環境ビジネスの成長に貢献する。高齢化を迎えた社会の課題となる介護などの充実をめざすことは介護機器や技術への研究投資を促し、第5次産業を発展させることになる。また、国際紛争に注ぎ込まれている軍事費を平和的解決のために使用できたら、おそらく世界はもっと経済的にも繁栄するだろう。

参考文献

- Becker,G,S（1974）"A Theory of Social Interactions" Journal of Political Economy,82（6）, pp.1063-1093.
- Friedman, M. and R. Friedman（1980）*Free to Choose*.（西山千明訳『選択の自由：自立社会への兆戦』日本経済新聞社、1980年）
- Schumacher, E. F.（1973）*Small is Beautiful; Economics as if People Mattered*, Harper & Row（斎藤司郎訳『人間復興の経済学』祐学社、1976年）
- Tocqueville, A.（1835）*De la democratic en Amerique*, Michell Levy.（松本礼一訳『アメリカのデモクラシー』岩波文庫、2005年）
- 岩切章太郎（1990）『自然の美　人工の美　人情の美』鉱脈社。
- 内山節（2010）『共同体の基礎理論——自然と人間の共層から』農文協。
- 駄田井正編著（1999）『九州独立も夢ではない——ポスト近代の国づくり』同文舘出版。
- 駄田井正・原田康平・王橋編（2010）『東アジアにおける少子高齢化と持続可能な発展——日中韓3国の比較研究』新評論。
- 月尾嘉男（1993）『贅沢の創造——21世紀・技術は芸術を目指す』PHP研究所。
- 根本孝（2002）『ワークシェリング、ゆったり豊かに、「オランダ・ウエイ」に学ぶ、日本型雇用革命』ビジネス社。
- 福岡賢正（2000）『楽しい不便』南方新社。
- 脇坂明（2002）『日本型ワークシェアリング』PHP新書。

あとがき

　本書では、20世紀末における地球規模でのグローバリゼーションの進展と、これを支えるエレクトロニクス革命、さらにはこれまで経済学があまり関心を示さなかった環境問題の変化を捉えつつ、21世紀における持続可能な経済と社会のあり方について、執筆者なりの問題提起や解決策のヒント、あるいはその方向性を示した。その意味では、本書は今世紀における「経済学の入門書」とも呼べる構成と内容になっている。また、できる限り難しい経済学の専門用語は避けることにしたので、学生や研究者、ビジネスマン、そして一般読者といった幅広い層の方々に読んでいただけるのではないかと思っている。

　戦後の「アジアの奇跡」とも言われたわが国の急速な経済成長と社会の発展は、その恩恵とは裏腹に公害問題を引き起こした。また、石油資源に依存しての先進国の経済発展は、今日、自然環境破壊問題や地球温暖化問題を引き起こしている。さらに、近年のアメリカに端を発したリーマンショックは世界経済にインパクトを与え、長期の景気低迷に導いた。わが国では、他の先進国には見られない急速な少子高齢化社会の到来が、国民や社会に漠然とした将来への不安心理を掻き立てている。

　これまでにも経済学が指摘してきたように、市場経済には常に「市場の失敗」がつきまとう。また、その失敗を修正すべく様々な経済政策で調整しようとするが、各国の経済発展には時間的なズレがあり、国や地域によって実情が異なるため、画一的な政策で対処しようとしても無理が生じる。

　さらに今日では、実体経済を上回る投機マネーが地球上を自由に動き回り、市場の不安定性を増幅させている。これらのリスクを回避しようと、政府が直接的な市場介入を行おうとするが、自国の国益を優先しがちでその調整に困難を伴い、国際世論からすれば市場介入も恣意的と見られがちで、結果的に「政

府の失敗」を助長することになる。

　わが国の経済成長優先の社会は、都市と農村の間に、過疎・過密問題や都市のスプロール化現象による中心市街地の疲弊を引き起こししている。また、急速な少子高齢化社会の到来は、地域社会に高齢者の増加と子どもの数の減少をもたらしている。そして現在、残念ながら、これまで地域社会を支えてきたコミュニティ組織や自治組織が崩壊や消滅の危機に直面し、地域社会の空洞化という不安心理が高まってきている。さらに、20世紀末に急速に台頭してきたIT産業のような組織は別として、高度成長のもと繁栄を享受してきた企業がその成功体験のゆえに、今日の急速な経済環境の変化をつかみきれず、機能不全に陥っているケースも散見される。

　このような問題に本書の方法論に準拠した具体的な解答を用意すべきであるが、今後の課題としたい。

　執筆にあたっては様々な方々のご協力をいただいた。特に、写真の収集にあたっては多くの方々の協力を仰いだ。お一人お一人の名前を挙げることは紙幅の関係でできないが、この場を借りて御礼を申し上げたい。

　最後になったが、日々、公私ともにご多忙中にも関わらず、本書へのサジェッションや、また私の怠慢などで原稿の提出が遅れたにも関わらず忍耐強く待っていただいた株式会社新評論の武市一幸氏に心からお礼を申し上げる。武市氏の寛大な心とご配慮がなければ、本書も世に出ることはなかったであろう。

　2011年2月

筆者を代表して　浦川康弘

著者紹介

駄田井　正（だたい・ただし）

　1944年生まれ。大阪府立大学大学院卒。1970年から久留米大学に勤務し、現在久留米大学経済学部教授。
　専門はもともと理論経済学・経済学史であるが、近年はポスト工業社会の観点から地域の振興に関心をもち、文化経済学・地域経済学・観光学などに専門を移している。この分野の研究は実践と不可分であるので、地域振興の活動に参加している。その関係で、1999年から「NPO法人筑後川流域連携倶楽部」、2003年から「NPO法人九州流域連携会議」の理事長を務めている。地域の持続可能性が政策の最終目的であり、環境と経済は両立するものと考えている。
　著書に、『経済学説史のモデル分析』（1989年）、『九州独立も夢ではない』（1999年）、『21世紀の観光とアジア・九州』（2001年）、『グリーンツーリズム──文化経済学からのアプローチ』（2003年、『東アジアにおける少子高齢化と持続可能な発展』（共著、新評論、2010年）などがある。

浦川　康弘（うらかわ・やすひろ）

　1953年、福岡県生まれ。1982年、福岡大学大学院商学研究科修士課程卒業。2005年、久留米大学大学院比較文化研究科後期博士課程比較文化専攻満期退学。現在、久留米大学比較文化研究所研究員。専門は流通論、流通政策。
　共著書として、『現代流通のダイナミズム』（晃洋書房、1997年）、『日本の流通システム』（ナカニシヤ出版、1999年）がある。

文化の時代の経済学入門
──21世紀は文化が経済をリードする──

（検印廃止）

2011年3月25日　初版第1刷発行

著　者　　駄田井　　正
　　　　　浦　川　康　弘

発行者　　武　市　一　幸

発行所　　株式会社　新　評　論

〒169-0051　東京都新宿区西早稲田3-16-28
http://www.shinhyoron.co.jp

TEL 03（3202）7391
FAX 03（3202）5832
振替 00160-1-113487

落丁・乱丁はお取り替えします。
定価はカバーに表示してあります。

印刷　フォレスト
装丁　山田英春
製本　桂川製本所

©駄田井・浦川　　2011年

Printed in Japan
ISBN978-4-7948-0861-5

JCOPY　<（社）出版者著作権管理機構　委託出版物>
本書の無断複写は著作権法上での例外を除き禁じられています。複写される場合は、そのつど事前に、（社）出版者著作権管理機構（電話 03-3513-6969、FAX 03-3513-6979、e-mail: info@jcopy.or.jp）の許諾を得てください。

新評論　好評既刊　地域・農業・資源の未来を考える本

近藤修司
純減団体
人口・生産・消費の同時空洞化とその未来

地方の「衰退」はなぜ起きたのか？　膨大なデータから人口減少の過程を構造的に解明し，地方自治と地域再生の具体策を提示。
（四六上製　256頁　3360円　ISBN978-4-7948-0854-7）

「水色の自転車の会」編
自転車は街を救う
久留米市 学生ボランティアによる共有自転車の試み

都心を魅力ある空間として再生するには，人間の力で動く合理的な乗り物＝自転車が最適！　学生たちによる取り組みの記録。
（四六上製　224頁　2100円　ISBN4-7948-0541-1）

松岡憲司 編
地域産業とネットワーク
京都府北部を中心として

インフラや情報通信網から企業間取引や人的交流まで，「ネットワーク」を軸に地域産業を考察する画期的研究。
（A5上製　280頁　2940円　ISBN978-4-7948-0832-5）

駄田井 正・原田康平・王 橋 編
東アジアにおける少子高齢化と持続可能な発展
日中韓3国の比較研究　　［久留米大学経済叢書　第17巻］

喫緊の課題「少子高齢化」を巡る国境を越えた協力関係構築のために！　日・中・韓の現状と対策を比較検討した本格論集。
（A5上製　428頁　5250円　ISBN978-4-7948-0845-5）

＊表示価格はすべて消費税（5％）込みの定価です。

■ 新評論　好評既刊　地域・農業・資源の未来を考える本

上水　漸 編著
バイオ茶はこうして生まれた

「水の魔力」の追求が，植物のバイオリズムにあわせた「魔法のお茶」を作り出した！宗茂氏（旭化成陸上部・顧問）すいせん！
（四六並製　196頁＋口絵　1890円　ISBN978-4-7948-0857-8）

関　満博・松永桂子 編
「農」と「食」の女性起業
農山村の「小さな加工」

戦後農政の枠組みを超えて「自立」へ向かう農村女性たち。「農」と「食」を巡るその豊かな営みに日本社会の未来を見る！
（四六並製　240頁　2625円　ISBN978-4-7948-0856-1）

関　満博・松永桂子 編
「村」の集落ビジネス
中山間地域の「自立」と「産業化」

人口減少，高齢化，過疎など幾多の条件不利に直面し続けてきた中山間地域の「村」＝集落。その「反発のエネルギー」に学ぶ。
（四六並製　218頁　2625円　ISBN978-4-7948-0842-4）

小坂育子
台所を川は流れる
地下水脈の上に立つ針江集落　《シリーズ近江文庫》

豊かな地下水の水場を中心に形成された地域コミュニティと独自の「カバタ文化」で世界的な注目を集める針江の全貌！
（四六並製　262頁＋口絵　2310円　ISBN978-4-7948-0843-1）

＊表示価格はすべて消費税（5％）込みの定価です。

新評論　好評既刊　新しい経済を考える本

田中祐二・小池洋一 編　シリーズ〈「失われた10年」を超えて〉❷
地域経済はよみがえるか
ラテン・アメリカの産業クラスターに学ぶ

地元の資源と厚みある産業集積を軸に，果敢に地域再生をめざす中南米の経験を鑑に，日本の地域経済の未来をさぐる。
（四六上製　432頁　3465円　ISBN978-4-7948-0853-0）

石水喜夫
ポスト構造改革の経済思想

日本の構造改革を主導してきた「市場経済学」の虚実に迫り，人間の生を意味あるものにする「政治経済学」的思考を提起。
（四六上製　240頁　2310円　ISBN978-4-7948-0799-1）

向井文雄
「重不況」の経済学
日本の新たな成長に向けて

「構造改革」と「新しい古典派」の呪縛から日本経済を解き放ち，長期停滞を脱却せよ！　需要の視点を加えた独創的・画期的成長論。
（四六並製　384頁　3150円　ISBN978-4-7948-0847-9）

マティアス・ビンスヴァンガー／小山千早 訳
お金と幸福のおかしな関係
トレッドミルから降りてみませんか

大切なのは「稼ぎ方」より「使い方」！　満足への際限なき希求＝トレッドミルを降りて，お金を幸福に役立てるための10のヒント。
（四六並製　340頁　2940円　ISBN978-4-7948-0813-4）

＊表示価格はすべて消費税（5％）込みの定価です。